中国丝绸之路上的墓室壁画

中部卷·河南分卷

丛书主编：汪小洋
副 主 编：姚义斌　赵晓寰
编　　著：姚义斌　段少华　郭振文

东南大学出版社
·南京·

内 容 提 要

河南地区的墓室壁画是中华艺术史上的一个灿烂篇章。历史上,河南地区长期作为中国的政治、经济和文化中心,这里是不同地域文化交汇激荡之所,也是域外文化与中华文化碰撞交流的中心区域。正因为如此,河南地区墓室壁画艺术呈现出融汇合流、异彩纷呈的格局,体现出多元审美趋向的追求。墓室壁画艺术中绘画与建筑的多样发展和风格面貌,以及壁画形制、内容、仪式等多维度倾向都体现了多元文化融合的特点。在此基础上,不同时代墓室艺术之间共生互映,并行发展,仪式性与艺术性的相互渗透,宗教、美术、书法之间的趋于综合互相影响,形成了中原地区墓室壁画艺术的特色。

图书在版编目(CIP)数据

中国丝绸之路上的墓室壁画.中部卷.河南分卷/姚义斌,段少华,郭振文编著.—南京:东南大学出版社,2017.9
 ISBN 978-7-5641-7434-7

Ⅰ.①中… Ⅱ.①姚…②段…③郭… Ⅲ.①墓室壁画—研究—河南 Ⅳ.①K879.414

中国版本图书馆 CIP 数据核字(2017)第 223640 号

出版发行:东南大学出版社
社　　址:南京市四牌楼2号　　邮编:210096
出 版 人:江建中
网　　址:http://www.seupress.com
电子邮箱:press@seupress.com
经　　销:全国各地新华书店
印　　刷:江苏凤凰扬州鑫华印刷有限公司
开　　本:889mm×1194mm　1/20
印　　张:9.8
字　　数:191千字
版　　次:2017年9月第1版
印　　次:2017年9月第1次印刷
书　　号:ISBN 978-7-5641-7434-7
定　　价:61.00元

本社图书若有印装质量问题,请直接与营销部联系。电话(传真):025-83791830

江苏"十三五"重点出版物出版规划项目

江苏省文化产业引导资金文化艺术精品补助项目

前 言

汪小洋

丝绸之路，顾名思义就是与丝绸相关的贸易之路。历史长河的漫漫岁月中，这条贸易之道早已成为沿路各方文化交流的通衢大道，在商贸之外还承担了军事、政治和民族等多方面的东西方文化交流，乃至南北方文化交流的历史重担。"大漠孤烟直，长河落日圆"，这是通衢大道的自然形态，也是艺术家眼中美轮美奂的景象。诗人笔下的丝绸之路是如此的遥远，也是如此的神秘，也因此而成为一条充满豪情、弥漫浪漫和令人翩翩浮想的艺术大道。在这里，除了人们耳熟能详的边塞诗歌、佛教石窟之外，墓室壁画也为丝绸之路奉上了一串璀璨明珠。

丝绸之路由官方正式开启的时间是汉武帝时期，史称"凿空"。汉武帝派遣张骞两次出使西域，最初的目的是联合大月氏共同打击匈奴而解边患，这显然是一个军事活动。之后，丝绸之路更加畅通，军事活动、商业活动、宗教活动、艺术活动，乃至民族迁徙，东西方之间的各种文化交流成为常态。《尚书·禹贡》记："东渐于海，西被于流沙，朔南暨，声教讫于四海。"从中国本土文化的发展看，东渐西被可以用来形容丝绸之路上的文化交流走向。

在丝绸之路的东西文化交流中，人们常常讨论东渐的外来文化，而对西被的本土文化则关注不多。其实，借助东方大帝国的强大政治和军事力量，以及悠久历史建立起来的高度文明，本土文化在丝绸之路的文化交流中有着明确的主导性，东渐的外来文化可以获得最大限度的包容并被迅速本土化，西被的本土文化也可以声教讫于四海而到达遥远的地方。丝绸之路上的墓室壁画也是这样，一方面，有东渐的外来文化，也有西被的本土文化，但在这一载体上进行的文化交流中，本土文化占主导地位；另一方面，墓室壁画完全是在重生信仰指导下完成的艺术行为，因此墓室壁画中本土文化的主导性更强。这样的语境下，墓室壁画描述重生信仰的宗教体验，墓室壁画成为汉以后最纯粹的本土宗教艺术载体，也因此使我们能够在认识佛教东渐并全面影响我国传统文化的时候有一个明确的参照系。这一现象的存在，是墓室壁画对中国传统文化的一个重要贡献。

从中国传统艺术发展史看，墓室壁画有着很高的艺术价值。中国传统绘画有两种流传方式：一是传世作品，一是考古作品，考古作品主要来自墓室壁画。墓室壁画是考古作品，因此这一美术作品的可靠性大大提高；同时，已有考古成果的绘画面积逾万平方米，墓室壁画体量是如此巨大，这是其他绘画类型所不可企及的。

从考古成果看，中国墓室壁画的遗存近一半在丝绸之路上，时间上也是从西汉沿革到清代，贯穿始终。中国墓室壁画有彩绘壁画、砖石壁画、帛画、棺板画等类型，这些类型的遗存在丝绸之路上都有发现，并且达到了很高的艺术水准。中国最早的黄帝图像和最早的山水画图像等，也都是出现在墓室壁画中。此外，墓室壁画具有非常突出的综合性艺术价值，可以提供宗教美术、美术考古，以及建筑、材料等各方面的历史信息，这些都是以史为证的支撑材料。

从世界艺术发展史看，中国墓室壁画也有着独特的贡献。目前墓室壁画遗存集中的只有三个国家，就是中国、埃及和墨西哥三国。埃及墓室壁画比中国早，法老时代走向辉煌，但之后希腊、罗马统治时代就式微了。墨西哥墓室壁画发展很晚，后来也被西方殖民主义者打断了。中国墓室壁画自西汉开始一直沿革到清代，从帝王到平民的各个阶层都曾以极大的热情参与墓室壁画的丧葬活动之中，并且地域分布广泛。从艺术发展的连贯性和广泛性看，中国墓室壁画具有世界性的不可比拟的价值。

墓室壁画是中国较纯粹的本土传统艺术，也是具有世界不可比拟的传统艺术，当然也是丝绸之路上的一座叹为观止的艺术高峰。

2017 年 3 月于东南大学

Preface

Wang Xiaoyang

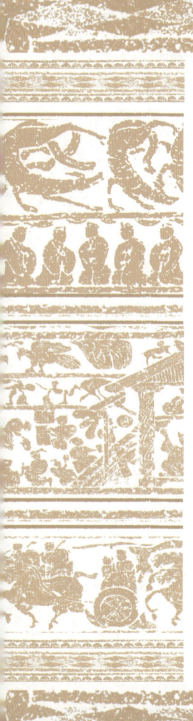

The Silk Road was an ancient network of trade routes, linking China with the West. In history, the Silk Road was a main thoroughfare for the exchange of culture and goods between the East and West and between the North and the South as well. 'Over the Great Desert, a lone straight column of smoke rises up; On the long river, the setting sun is round.' The above two lines from a poem by the famous poet and painter Wang Wei (701—761) vividly depict the natural environment and beautiful landscape of the Great Desert along the Silk Road. The Silk Road under the pen of Wang Wei appears remote and mysterious; indeed, it is a great road of art filled with enthusiasm, romanticism and inspiration. Here, apart from the well-known frontier poetry and Buddhist grottoes, tomb murals offer themselves as a long string of shining beads threading through the Silk Road.

The Silk Road, known in history as *zaokong* or '(a road) chiseled out of nothing', was officially opened during the reign of Emperor Wu of the Han Dynasty (141 BC-87 BC) The Emperor dispatched Zhang Qian (114 BC) to the Western Regions twice with a view to forming allegiance with the Tokharians to fight against their common foe—the Xiongnu. The mission undertaken by Zhang Qian to the Western Regions was obviously a diplo-military one. From then onwards, the Silk Road became an ever-increasingly open and free road for commercial, religious and artistic activities, and ethnic migrations and East-West cultural communications along the Silk Road grew to be a normal phenomenon. The 'Tribute of Yu' of the Book of Documents notes: 'Reaching eastwards to the sea; extending westwards to the moving sands; to the utmost limits of the north and south; his fame and influence filled up (all within) the four seas'. From the perspective of native Chinese culture, 'reaching eastwards and extending westwards' is a true portrayal of cross-cultural communications along the Silk Road.

When talking about the East-West cultural exchange, people tend to focus on foreign cultures reaching eastwards to China with little attention given to Chinese culture extending westwards. Actually, backed by the politico-military forces of the powerful empire in the East and its long-lasting highly developed civilization, Chinese culture played an absolutely dominant role in the exchange of culture along the Silk Road: foreign cultures from the West were quickly sinicised and absorbed into Chinese culture; and Chinese culture extended as far as the four seas and made its influence felt in extremely remote areas. This is also the case with murals found in the tombs along the Silk Road. On the one hand, there are not only elements of foreign cultures from the West in the tomb murals but also elements of native Chinese culture, which feature more prominently in the murals; on the other hand, the tomb murals resulted from the artistic activities conducted entirely in line with Han Chinese belief in the afterlife, hence the dominant role of Chinese culture in creating tomb wall paintings. In this context, Han tomb murals describe the religious experience of the afterlife; they have been the purest conveyor of native Chinese art since the Han Dynasty, for they provide a well-defined reference system by which to compare and contrast with the Chinese traditional

art created under the influence of Buddhism from the Western Regions. This is the great contributions of Han tomb murals to traditional Chinese culture.

Tomb murals have very high artistic value from the perspective of the historical development of Chinese art. There are two types of traditional Chinese paintings—those handed down from ancient times, and those excavated from archaeological sites that come mostly in the form of tomb murals. As archaeological artifacts, tomb murals are more reliable fine art works from ancient China compared with paintings handed down to us. Moreover, murals that have been found so far in excavated tombs cover a total area of more than ten thousand square metres, which has been unmatched by any other form of paintings from ancient China.

Nearly half of the tomb murals are found from the burial sites along the Silk Road that span more than 2,000 years from the Western Han Dynasty (206 BC—25 AD) till the Qing Dynasty (1644—1911). Chinese tomb murals mainly come in such forms as coloured paintings on walls, paintings on stones, bricks and silk, and on coffin boards as well, as shown in the numerous archaeological finds along the Silk Road, and have reached a very high artistic level. The earliest known portrait of Huangdi (the Yellow Emperor) and landscape paintings were all drawn on tomb walls. Besides, tomb murals have an enormous value as an comprehensive art. They contain historical information regarding religious fine art, fine art archaeology, architecture, building material, etc., and provide material evidence for history as documented in written texts.

Chinese tomb murals make a unique contribution to the historical development of the world's fine art. Archaeological finds of tomb murals are concentrated in China, Egypt and Mexico. Tomb murals from ancient Egypt are older than those from ancient China. They flourished most of the time of the pharaohs (3050 BC—30 BC), and declined when Egypt came under Greek and Roman rule. Mexican tomb murals developed later than their Chinese counterparts, but their development was interrupted by Western colonialists. In contrast, tomb mural paintings began to appear in China during the Western Han Dynasty and continued to be drawn into the Qing Dynasty. People of all walks of life from emperors and kings to commoners were enthusiastically involved in tomb mural related funeral activities. Chinese tomb murals enjoy wide distribution and historical continuity. As the purer form of native Chinese art, they are of matchless value in the treasures of art in the world. And of course, they are a peak of Chinese art on the Silk Road.

March 2017

Jiulonghu Campus, Southeast University

Nanjing, China

目　　录

前言
Preface

第一章　概述　　　　　　　　　　　　　　　　　　　　1
　第一节　地域界定　　　　　　　　　　　　　　　　　3
　　一、历史沿革　　　　　　　　　　　　　　　　　　3
　　二、当代行政区划　　　　　　　　　　　　　　　　4
　　三、本书的范围　　　　　　　　　　　　　　　　　5
　第二节　遗存梳理　　　　　　　　　　　　　　　　　6
　　一、遗存的总体数量　　　　　　　　　　　　　　　6
　　二、遗存地域分布　　　　　　　　　　　　　　　　7
　　三、遗存的阶段分布　　　　　　　　　　　　　　　9
　第三节　形制类型　　　　　　　　　　　　　　　　　10
　　一、墓室形制类型　　　　　　　　　　　　　　　　10
　　二、壁画形制类型　　　　　　　　　　　　　　　　11
　第四节　壁画题材类型　　　　　　　　　　　　　　　11
　第五节　丝绸之路对墓室壁画的影响　　　　　　　　　12

第二章　兴盛期的墓室壁画　　14
第一节　汉代的墓室壁画　　15
　　一、遗存梳理　　15
　　二、形制类型　　18
　　三、题材类型　　27
第二节　魏晋南北朝墓室壁画　　85
　　一、遗存梳理　　85
　　二、形制类型　　85
　　三、题材类型　　90
第三节　丝绸之路对兴盛期墓室壁画的影响　　107

第三章　繁荣期的墓室壁画　　111
第一节　隋代墓室壁画　　112
　　一、遗存梳理　　112
　　二、形制类型　　112
　　三、题材类型　　113
第二节　唐代的墓室壁画　　114
　　一、遗存梳理　　114
　　二、形制类型　　114
　　三、题材类型　　117
第三节　五代墓室壁画　　125
　　一、遗存梳理　　125
　　二、形制类型　　125

三、题材类型	126
第四节　宋代墓室壁画	128
一、遗存梳理	128
二、形制类型	129
三、题材类型	134
第五节　金代的墓室壁画	153
一、遗存梳理	153
二、形制类型	153
三、题材类型	155
第六节　元代壁画墓	161
一、遗存梳理	161
二、形制类型	162
三、题材类型	163
第七节　丝绸之路对繁荣期墓室壁画的影响	169

第四章　衰退时期的墓室壁画　　172

第一节　明代墓室壁画	173
一、遗存梳理	173
二、形制类型	174
三、题材类型	175
第二节　丝绸之路对衰退期墓室壁画的影响	178

第一章 概述

河南地区的墓葬艺术，是中华艺术史上的一个灿烂篇章。在历史上，河南地区处于一个民族空前大统一、大融和的时代，不仅在该地区内多种文化并存，而且与外界也有着广泛而深远的交流。因而使河南地区墓葬艺术呈现出融汇合流、异彩纷呈的格局，以及多种审美趋向的追求。墓室壁画艺术中绘画与建筑的多样发展和风格面貌，以及壁画形制、内容、仪式等多维度倾向都体现了多种文化融合的特点。在此基础上，不同时代墓室艺术之间共生互映，并行发展，墓葬艺术中，仪式与艺术的相互渗透，宗教、美术、书法之间的趋于综合互相影响，使中华艺术发展迈向一个新的台阶，并形成了中原地区艺术的特色。

河南地区也是中国古代墓葬文化的重要源头。中国墓葬文化源远流长，新石器时代中晚期的仰韶文化墓葬曾对周边地区产生一定影响，但总的来说，各地的墓葬文化显示出强烈的地域特色，商周以后，中原地区的墓葬文化开始明显影响到周边方国（诸侯国）。尤其是秦汉大一统国家的建立，使得位于政治中心区域的河南地区墓葬文化因素迅速被其他地区所吸收和仿效，成为当地墓葬文化发展的重要因素和推动力。例如汉代墓葬壁画最早出现在河南洛阳地区，汉代画像砖最早出现于河南郑州地区，不出百年即几乎遍及整个黄河和长江流域的山东、安徽、陕西、河北、四川、湖北、江苏等地区，并形成了各具本地特色的画像砖（石）和墓葬壁画传统。魏晋南北朝时期，河南地区的墓葬壁画和石刻线画也开启了当时墓葬作风之先，对周边地区产生了广泛的影响。

本地区是古代陆上丝绸之路的重要节点和关键区域。由于河南地区"天下之中"的地理位置，使得贯穿欧亚大陆的古代陆上"丝绸之路"必然绕不开这一地区。实际上，"丝绸之路"开辟之初的西汉时期，河南地区作为丝路东端——长安腹地的影响就已经开始显现，东汉以后，随着丝路向东延伸，河南地区旋即成为这一贸易和文化大通道上的关键区域，来自西方的物质和精神文化，无不在河南地区留下了浓重的印记。佛教东来，在中原地区的首个落脚点就是河南洛阳，并由此向其他地区扩散，来自中亚地区的祆教则在河南地区的墓葬中留下了非常典型的印记。而敦煌粟特文书则表明，即使是在

兵祸接连的魏晋南北朝时期，河南地区也不乏粟特商人停留经商，其在中西文化和贸易交流之路上的关键地位可见一斑。

此外，河南地区也是墓葬壁画现当代研究的策源地。由于河南地区墓葬壁画的丰富，使得现当代学术史意义上的墓葬壁画研究也是从本地区开始的。早在1907年，法国学者沙畹（Chvannes Eaouard）就调查过河南地区的石阙、画像石等，并编制相关图录，1930年和1937年，关百益和孙文青相继出版了《南阳汉画像集》《南阳汉画像汇存》，两书共刊布了100余幅南阳汉画像石拓片，使南阳汉画像石的风貌开始为世人所知。与此时间相当，上世纪初洛阳地区的"八里洼"墓葬被盗，墓葬壁画流失海外，引起海内外学者的广泛关注，对中国古代墓葬壁画的学术研究遂于此开始。进入20世纪50年代后，随着大规模科学考古发掘的开展，河南地区出土的数量巨大的墓葬壁画、画像石和画像砖，为进一步深入的学术研究提供了基本材料。从这个意义上说，将河南地区视为中国墓葬壁画研究的策源地是丝毫不过分的。

第一节　地域界定

一、历史沿革

河南最早称为豫州，《尚书·禹贡》载："荆、河惟豫州。"荆，指湖北省南漳西的荆山，属汉水流域；河，即黄河。《禹贡九州示意图》显示，豫州指汉水以北与黄河中下游以南的广大区域，范围大体相当于今河南省黄河以南、湖北省北部、山东省西隅及安徽省的西北角。

历史上，夏商两朝的都城大多数都位于河南省境内，西周王朝建立后，虽然定都镐京（陕西西安市附近），但为了便于控制以河南为主要区域的东方广大地区，周成王时在伊洛之间新建了东都洛邑，形成了东西并峙的两大政治中心。公元前 770 年，周平王将国都从镐京迁至洛邑，此后的周朝称为东周，洛阳也开始了它作为正式国都的历史。这一时期，河南境内还有郑（新郑）、宋（商丘）、陈（淮阳）、申（南阳市）、蔡（上蔡）等诸侯国的都城。进入战国，七雄争霸，其中韩国的国都在今新郑，魏国后期都大梁（今开封），中原成为各国争霸的主要地区，南阳地区则为秦楚两国据有。

公元前 221 年，秦王朝统一全国，实行郡县制，河南的黄河以北地区属于河内及邯郸二郡，黄河以南部分则分属颍川、南阳、九江等八郡。西汉时期，置司隶部和十三刺史部，河南分属司隶校尉部及兖州、豫州、冀州、荆州、扬州等刺史部。公元 280 年，西晋统一中国并实行州、郡、县三级制，河南主要辖境归司、豫二州。东晋十六国时期，河南则为"五胡"政权控制，至南北朝，河南成为南北疆界，前后为北魏、西魏和北周据有。隋大业三年（607 年）改州为郡，河南分属二十一个郡所辖。唐朝分全国为十道，河南主要部分属河南道，其余分属河北道、淮南道、山南道，后来河南的区划略有调整，但总的说来变化不大。

宋朝建立后，地方行政区以"路"为名，河南分属京畿路、京西北路等九路。金沿袭宋制，但区划有所调整，河南大部属南京路，少部属河东南路、河北西路、大名府路、京兆府路等。元统一后实行行省制度，河南黄河以南地区属河南江北行省，黄河以北地区属中书省（又称腹里），由中央政府直接管辖。明朝在地方设承宣布政使司，河南大部属河南承宣布政使司。清朝实行行省制，河南大部属河南省，豫东濮阳等市县属直隶省，范县属山东省。

二、当代行政区划

中华人民共和国成立后，河南省级政区曾作调整。1949 年，将河南省黄河以北地区划出，成立平原省，黄河以南地区仍为河南省。1952 年，平原省撤销，所属部分市县并入河南省。

三、本书的范围

若没有特别说明，为便于分析和查找，本书的讨论范围以现今的行政区划为主。

从现有考古材料和文献记载可以大体判断，河南地区汉代壁画墓遗存梳理最多，而且有一大半分布在南阳地区，这其中又以画像石墓为主。汉以下，宋代壁画墓在河南的遗存数量居多，且主要分布在洛阳地区，以壁画墓为主。其他朝代的壁画墓墓葬遗存比较少。究其原因，主要有以下几种重要原因：

首先，河南省的地理特征决定着壁画墓的分布特征。根据考古报告可知，壁画墓主要集中地如洛阳、偃师等，都分布在河南西北部的洛阳盆地范围内。该盆地是由伊河、洛河冲积而成的平原坡地，地势平坦开阔，交通便利，物产丰茂。肥沃的冲积平原能保证稳定的农业生产，相对封闭的自然环境也有利于军事防卫。这一地理环境特征决定了洛阳及其周边地区在较长的历史时期内能够提供作为都城所需要的基本条件，使得洛阳及周边地区成为全国的政治和文化中心，无论是壁画墓的数量还是分布密度，都远超其他地区。

其次，河南省的人口迁徙决定着壁画墓的分布特征。东汉以降，河南地区虽然遭受到战争的沉重打击和破坏，但洛阳与处在战乱核心地带的南阳等中原地区相比，受害相对要轻一些。因此中原人口大量外迁至河南东北部，间接促进了墓室壁画的发展。

最后，值得一提的是河南南阳地区。该地区在两汉时期是重要的区域政治文化和经济中心，西汉时期被封在南阳地区的王侯前后就有20多个，王莽、刘秀也都是倚靠南阳豪强地主和地方门阀，最终形成强大的政治势力。尤其是东汉刘秀建国时的重要将领"云台二十八将"，均来自南阳地区。南阳地区政治上的优越地位，经济的相对发达以及豪强地主的集中分布，对该地区汉画像石墓的分布与发展有着至关重要的作用。

第二节 遗存梳理

作为陆地上丝绸之路起点的河南省，拥有大量的墓室壁画遗存。河南省墓室壁画的大规模发现与研究距今已有近百年的历史。尤以南阳地区的汉画像石墓最为突出。自20世纪20年代之前，在"洛阳西边八里地，瀍水对过"的"八里台"或"八阵里"的地方被盗掘了一彩绘壁画墓，墓中壁画被主持盗掘此墓的古董商人刘鼎方拆卸下来，卖给了上海一商人，此后又由上海运至美国，又从美国辗转到法国巴黎，至1924年，经巴黎古董商卢木斋拍卖给美国波士顿美术馆。

1954年以来，河南省的考古工作者先后在郑州、邓县、密县等地，保护性地发掘了一批画像石墓和彩绘壁画墓。此后本地区陆续有新的墓葬壁画被发现。这些墓室壁画的时间跨度很大，墓室形制多变，分布地域广泛，题材内容丰富，在艺术史上占有极其重要的地位。

一、遗存的总体数量

从新中国成立以来至今，河南省发现和发掘的汉代墓室壁画已有161座。其中属于汉代的墓葬有77座，包括19座彩绘壁画墓，50座画像石墓和8座画像砖墓。属于魏晋南北朝的墓葬计有7座、隋唐1座、唐代8座、五代2座、宋代49座、金代11座、元代1座、明代5座。河南地区的壁画墓中，最早的纪年墓是昭帝—宣帝之间（前86—前49年）洛阳卜千秋墓①，最晚的纪年墓是明代万历四十一年（1613年）济源市东街明代彩绘壁画墓②。从墓室壁画的时代分布来看，河南省壁画墓数量最多的时期为两汉时

---

① 洛阳博物馆：《洛阳西汉卜千秋壁画墓发掘简报》，《文物》1977年第6期。
② 济源市文物工作队、河南古代壁画馆：《中原文物》2013年第1期。

期,共 77 座,占该省壁画墓总数的 47.83%;其次是宋代,共 49 座,占壁画墓总数的 30.43%;再次是金代,共 11 座,占墓室壁画总数的 6.83%。相比之下,魏晋南北朝、隋唐五代、宋代、元代和明代则墓室壁画分布较少,辽代和清代尚没有公开的发掘报告。元代目前只河南洛阳伊川 M5 元代彩绘壁画墓中发现约 30.9 平方米的壁画①。

二、遗存地域分布

1. 汉代壁画墓的分布

河南地区汉代壁画墓包括彩绘壁画墓、画像石墓和画像砖墓,以南阳地区数量最多,其具体分布情况如下:

南阳地区已发现 35 座汉代画像石墓,为河南省之首,另有画像砖 8 座,总计 43 座,其中单室墓 9 座、双室墓 16 座、多室墓 18 座;洛阳地区已发现的汉代壁画墓共计 14 座,包括彩绘壁画墓 10 座,画像石墓 4 座,其中单室墓 9 座、双室墓 1 座、多室墓 4 座;永城地区已发现的壁画墓总计 7 座,包括彩绘壁画墓 1 座,画像石墓 6 座,其中单室墓 1 座、双室墓 1 座、多室墓 5 座;新密地区已发现的壁画墓 7 座,均为多室墓;漯河地区已发现的壁画墓为 3 座,均为画像石墓。墓葬形制不详;商丘地区目前只发现画像石墓 1 座,为单室墓;郑州地区目前只发现彩绘壁画墓 1 座,为多室墓;鹤壁地区已发现的壁画墓只有 1 座画像石墓,为多室墓;新乡地区已发现的壁画墓只有 1 座画像石墓,为双室墓;邓州地区已发现的壁画墓只有 1 座画像石墓,为双室墓。

2. 魏晋南北朝壁画墓的分布

迄今为止河南地区发现的魏晋南北朝壁画墓共 7 座,包括多室墓、双室墓和单室墓。其中包括:南阳地区壁画墓 4 座,均为画像石墓,其中双室墓 2 座、多室墓 2 座;洛阳地区的彩绘壁画墓 2 座,为单室墓;邓州地区发现彩绘画像砖墓 1 座,为单室墓。

---

① 洛阳市第二文物工作队:《洛阳伊川元墓发掘简报》,《文物》1992 年第 5 期。

3. 隋唐五代壁画墓分布

安阳地区现已发掘的隋代壁画墓1座，为单室彩绘壁画墓。

河南地区唐代壁画墓目前已发现的有8座，均为单室墓。包括洛阳地区已发掘唐代彩绘壁画墓6座，且都为单室墓；安阳地区唐代彩绘壁画墓1座，为单室墓；三门峡地区唐代彩绘壁画墓1座，为单室墓。

分布于河南地区五代壁画墓共2座，分别位于洛阳和新郑地区，且都为单室墓。

4. 宋辽金元壁画墓的分布

本地区宋代壁画墓数量较多，共计52座，墓葬形制包括多室墓、双室墓和单室墓，分布范围几乎覆盖河南全省。壁画墓具体分布情况如下：

洛阳地区现已发掘的宋代壁画墓12座，砖雕壁画墓3座、彩绘壁画墓9座，其中单室墓11座、双室墓1座；郑州地区现已发掘的宋代壁画墓7座，砖雕壁画墓2座、彩绘壁画墓5座，且都为单室墓；安阳地区现已发掘的宋代壁画墓6座，其中单室墓3座、另外3座壁画墓因破坏严重形制不详；登封地区现已发掘的宋代壁画墓5座，其中单室墓4座，另外1座墓葬因破坏严重形制不详；巩义地区现已发掘的宋代壁画墓3座，其中单室墓1座、多室墓2座；林州地区现已发掘的宋代壁画墓3座，彩绘壁画墓2座、砖雕壁画墓1座。其中单室墓2座，多室墓1座；许昌地区现已发掘的宋代壁画墓3座，其中单室墓2座，双室墓1座；新密地区现已发掘的宋代壁画墓3座，均为单室墓；三门峡地区现已发掘的宋代彩绘壁画墓3座，均为单室墓；荥阳现已发掘的宋代壁画墓2座，均为单室墓；焦作现已发掘的宋代彩绘壁画墓2座，1座为单室墓，1座位多室墓；邓州、济源、周口等地区现已发掘的彩绘壁画墓各1座，且均为单室墓。

河南地区未发现辽代壁画墓。

河南地区已发现的金代彩绘壁画墓共计11座，墓葬形制均为单室墓，包括焦作地区现已发掘的金代彩绘壁画墓6座（画像砖墓1座）均为单室墓；洛阳地区现已发掘的金代彩绘壁画墓2座，均为单室墓；郑州、荥阳、林州、三门峡等地现已发掘的金代壁画墓各1座，均为单室墓。

河南地区元代壁画墓现已发掘的壁画墓1座，位于洛阳，系单室墓。

5．明代壁画墓的分布

河南地区的明代彩绘壁画墓共5座，商丘、登封、荥阳、济源、新乡等地各1座。其中商丘的1座壁画墓为多室墓，其余均为单室墓。

本地区未发现清代壁画墓。

三、遗存的阶段分布

汪小洋将中国墓室壁画的发展分为兴盛期、繁荣期和衰退期三个阶段，与之相对应的是汉魏晋南北朝时期、隋唐五代宋元时期和明清时期①，这三个发展阶段的划分也同样适用于丝绸之路墓室壁画的发展。

第一阶段：墓室壁画兴盛期

这一时期，也是丝绸之路的兴盛期。

本阶段河南地区共发现遗存壁画墓84座，其中汉代77座、魏晋南北朝7座。84座壁画墓中，单室墓23座、双室墓22座、多室墓38座，漯河地区1座墓葬形制不详。丝绸之路的兴盛期的壁画墓有21座、画像石墓54座、画像砖墓9座。

第二阶段：墓室壁画繁荣期

这一时期，也是丝绸之路的兴盛期。

本阶段河南地区共有遗存壁画墓72座，包括隋唐1座、唐代8座、五代2座、宋代49座、金代11座、元代1座。从壁画形制上来看，72座壁画墓中绝大多数为彩绘壁画墓，共计有66座，其余为画像砖墓，计6座。从墓葬形制上看，单室墓占绝大多数，计有64座，双室墓和多室墓数量较少，分别为4座。

---

① 汪小洋：《中国墓室壁画图像体系探究》，《民族艺术》2014年第2期。

第三阶段：墓室壁画的衰退期

这一时期，也是丝绸之路的兴盛期。

本阶段河南地区共有遗存壁画墓 5 座，均属明代。其中单室墓 4 座、双室墓 1 座，未发现多室墓。这 5 座墓葬均为彩绘壁画墓。

衰退期的墓室壁画在河南省分别分布在商丘、登封、荥阳、济源、新乡等地区。其中以荥阳二十里铺明代武温穆王壁画墓①中的壁画保持较为完好。反映宗教内容的壁画较为丰富，为研究明代思想史提供了珍贵的实物资料。

第三节 形制类型

一、墓室形制类型

河南地区遗存的墓室形制共有三种，包括单室壁画墓、双室壁画墓和多室壁画墓，单室墓一般由墓道、墓门、甬道和墓室构成，双室墓和多室墓则在单室墓的基础上增加一个或数个墓室。各类型壁画墓葬的基本情况如下：

1. 单室墓 91 座，其中河南洛阳市第 3850 号东汉墓，遗存的壁画面积约 96.7 平方米。是河南地区遗存面积最大的单室墓；河南永城芒山西汉梁国王陵，则是河南省已发现单室壁画墓中墓主身份最高的一座。

2. 双室墓 27 座，比如：河南省南阳市万家园汉画像石墓。遗存画像石面积约 11.465 平方米。

3. 多室墓 42 座。多室壁画墓一般壁画面积较大，如河南密县打虎亭发现大型汉代

---

① 谢遂莲：《荥阳二十里铺明代武温穆王壁画墓》，《中原文物》1984 年第 4 期。

壁画墓和画像石墓，遗存的壁画面积加上画像石面积多达 206.2 平方米。河南荥阳苌村汉代壁画墓，遗存壁画则多达近 300 平方米。

二、壁画形制类型

河南地区遗存的壁画形制共有三种，包括彩绘壁画墓、画像砖墓和画像石墓。各类型墓葬壁画具体情况如下：

1. 彩绘壁画墓 94 座。其中较为重要的彩绘壁画墓如唐安国相王孺人唐氏、崔氏墓，壁画遗存面积约 100 平方米；而河南巩县宋陵，遗存壁画面积约 395.64 平方米。

2. 画像砖墓 15 座（含砖雕壁画）。其中较为重要的有郑州南关外北宋砖室墓，砖雕面积遗存约 18.08 平方米；淅川县下寺汉画像砖墓的画像砖遗存面积约 0.516 27 平方米。

3. 画像石墓 52 座。较为典型的有南阳县王寨汉画像石墓，画像石遗存共计 20 块约 6.676 5 平方米；唐河针织厂汉画像石墓，画像石遗存约 29.517 6 平方米。

第四节 壁画题材类型

河南地区遗存的墓葬壁画分布的题材类型大致可以分为以下几大类：

1. 历史题材类。如洛阳烧沟 61 号壁画墓中的二桃杀三士图，唐河针织厂汉画像石墓中的晏子见齐景公的故事图等。

2. 现实生活类。如河南南阳县英庄汉画像石墓中的庖厨图，河南荥阳苌村汉代壁画墓中的车马出行图等。

3. 宗教信仰类。如河南方城县城关镇汉画像石墓中的升天图，邓县长冢店汉画像石墓中的伏羲像灯等。

4. 装饰图案类以及其他类型。如南阳市建材试验厂汉画像石墓、南阳市独山西坡汉画像石墓等。

第五节　丝绸之路对墓室壁画的影响

河南作为中华民族和华夏文明的重要发祥地，从夏代到北宋，先后有20个朝代建都或迁都于此。而"千年帝都"洛阳长期是我国政治、经济、文化、交通的中心。丝绸之路开通后，汉唐时期是河南地区的重要时期。

两汉时期，洛阳作为丝绸之路的东方起点之一，为丝绸之路的开辟、发展繁荣作出了突出贡献。在商贸往来中，许多域外文化传入本地，在墓室壁画的图像有所反映。比如，《莲花藻井图》（图1-1）的出现，显然是与佛教信仰的传入相关。

隋唐时期，通过丝绸之路和大运河从四面八方而来的国内外客商云集洛阳，通商贸易、文化交流、人员往来日益繁盛。隋唐洛阳城成为当时世界上著名的文化和商贸中心，是隋唐时期丝绸之路的东方起点，在中国古代都城史、建筑史上占据重要地位，有着重要的历史、科学、艺术价值。至今，在丝绸之路中国段的22处遗产点就有包括汉魏洛阳城遗址、隋唐洛阳城定鼎门遗址、新安汉函谷关遗址和陕县崤函古道石壕段遗址4项遗产，这在国内其他地区是比较少见的，由此可以看

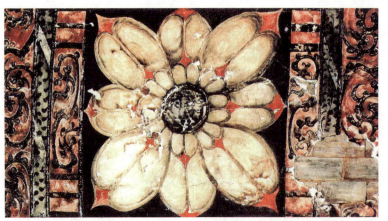

图1-1　莲花藻井图　河南省新密市打虎亭村西2号墓　东汉
（采自徐光冀主编：《中国出土壁画全集5》，科学出版社，2012年）

出河南地区在历史上和丝绸之路之间的密切联系。在墓室壁画的图像上，外来文化也是非常突出。唐代出土的《胡人牵骆驼图》（图1-2～图1-4），物象奇特，构图生动，表现出当时人们对外来事物的喜爱。

图1-2　胡人牵骆驼图一　唐安国相王孺人唐氏、
　　　　崔氏墓两座墓　唐神龙二年
（采自徐光冀主编：《中国出土壁画全集5》，
　　　　科学出版社，2012年）

图1-3　胡人牵骆驼图二　唐安国相王孺人唐氏、
　　　　崔氏墓两座墓　唐神龙二年
（采自徐光冀主编：《中国出土壁画全集5》，
　　　　科学出版社，2012年）

图1-4　胡人牵骆驼图三　唐安国相王孺人唐氏、
　　　　崔氏墓两座墓　唐神龙二年
（采自徐光冀主编：《中国出土壁画全集5》，
　　　　科学出版社，2012年）

第二章 兴盛期的墓室壁画

第一节 汉代的墓室壁画

一、遗存梳理

（一）汉代墓室壁画遗存的总体数量

河南地区横跨黄河南北两岸，地处中原地区的中心地带，是华夏文化的发源地，地理条件优越，农业开发较早，交通也很方便。战国至秦朝末年的多年战乱，使本地区的经济受到极大打击，但是在西汉王朝建立以后，得益于当时的"无为而治"的休养生息政策，河南很快就重新成为全国最富庶的地区之一。尤其是东汉建立以后，都城东迁洛阳，使得河南地区不仅成为当时的经济发达地区，同时也成为全国的政治和文化中心。

正因为有着如此得天独厚的政治、经济和文化条件，河南地区在两汉时期较其他地区更加流行使用壁画墓，迄今为止，见诸发表的壁画墓共计81座，为全国之首。

（二）汉代遗存的地域分布

这些壁画墓葬遍及河南各地，具体包括：

南阳地区汉代画像石墓分布数量为河南省之首，共有35座，汉代画像砖8座，总计43座，未见彩绘壁画墓。从墓葬形制上来看，单室墓9座、双室墓16座、多室墓18座。

洛阳地区的汉代壁画墓的分布为河南省之首。其中彩绘壁画墓12座，画像石墓4座，总计16座，未见画像砖墓。从墓葬形制上来看，单室墓11座、双室墓1座、多室墓4座。

永城地区以画像石墓为主，计有6座，另有彩绘壁画墓1座，总计7座，未见画像砖墓。墓葬形制以多室墓为主，包括单室墓1座、双室墓1座、多室墓5座。

新密地区目前所发现的全部为两汉壁画墓，共计7座，墓葬形制均为多室墓。

漯河地区目前发现的两汉壁画墓均为画像石墓，共计3座，且墓葬形制不详，未发现壁画墓和画像砖墓。

商丘地区迄今为止仅发现画像石墓1座，为单室墓，未发现汉画像砖墓与壁画墓。

郑州地区发现两汉彩绘壁画墓1座，为多室墓，未发现画像砖墓与画像石墓。

鹤壁地区发现两汉画像石墓1座，为多室墓，未发现壁画墓与画像砖墓。

新乡地区发现两汉画像石墓1座，为双室墓，未发现壁画墓与画像砖墓。

邓州地区发现画像石墓1座，为双室墓，未发现壁画墓与画像砖墓。

（三）两汉壁画墓遗存的阶段分布梳理

河南地区西汉前期遗存彩绘壁画墓1座，为河南永城芒山柿园壁画墓①，位于河南永城地区，系单室墓，由墓道、墓门、甬道和一主室附八个耳室组成。

河南地区西汉后期遗存壁画墓4座，集中分布于洛阳地区。其中洛阳八里台壁画墓为多室墓（图2-1)②。洛阳卜千秋壁画墓③、洛阳

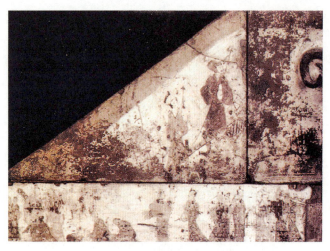

图2-1 洛阳八里台壁画墓前山墙壁画全图
西汉（206—25）
（采自徐光冀主编：《中国出土壁画全集5》，科学出版社，2012年）

---

① 阎道衡：《永城芒山柿园发现梁国国王壁画墓》，《中原文物》1990年第1期。
② 徐光冀、汤池、秦大树、郑岩：《中国出土壁画全集》，科学出版社，2012年。
③ 洛阳博物馆：《洛阳卜千秋壁画墓发掘简报》，《文物》1977年第6期。

浅井头壁画墓①和洛阳烧沟 61 号壁画墓②为单室墓。

河南地区西汉后期遗存画像石墓 14 座，其中 6 座位双室墓，单室墓 5 座，双室墓 3 座，其分布以南阳地区为主。

新莽时期：河南地区新莽时期遗存壁画墓 3 座，为洛阳偃师县新莽壁画墓③、洛阳金谷园新莽壁画墓④、新安铁塔山壁画墓⑤，均分布在洛阳地区，为多室墓。

河南地区新莽时期遗存画像石墓 7 座，且全部分布在南阳地区。其中 5 座为多室墓，2 座为单室墓，由此可知河南南阳地区新莽时期画像石墓的墓葬规格还是比较高的。

河南地区新莽时期遗存画像砖墓 5 座，且全部分布在河南南阳新野地区。其中单室墓 2 座、双室墓 2 座、多室墓 1 座。

东汉前期：河南地区东汉前期遗存壁画墓 1 座，为河南洛阳北郊东汉壁画墓，位于洛阳地区，系多室墓。

河南地区东汉前期遗存画像石墓 12 座，其中 6 座分布在南阳地区，6 座分布在永城地区。10 座多室墓，1 座双室墓，1 座单室墓。由此可知河南地区东汉前期画像石墓的墓葬规格还是比较高的。

河南地区东汉前期遗存画像砖墓 1 座，为河南淅川汉画像砖 M1 墓⑥，系单室墓。

东汉中期：河南地区东汉前期遗存画像石墓 3 座，分别为河南方城东关汉画像石墓、邓县长冢店汉画像石墓、南阳高新区标准厂房汉画像石墓。这 3 座墓中 2 座系多室

---

① 洛阳市第二文物工作队：《洛阳浅井头西汉壁画墓发掘简报》，《文物》1993 年第 5 期。
② 河南省文化局文物工作队：《洛阳西汉壁画墓发掘报告》，《考古学报》1964 年第 2 期。
③ 史家珍：《洛阳偃师新莽壁画墓清理简报》，《文物》1992 年第 12 期。
④ 洛阳博物馆：《洛阳金谷园新莽时期壁画墓》，《文物参考资料丛刊·九》1985 年。
⑤ 黄明兰、郭引强：《洛阳汉墓壁画》，文物出版社，1996 年。
⑥ 南阳地区文物研究所、淅川县博物馆：《河南淅川汉画像砖墓发掘报告》，《华夏考古》1994 年第 4 期。

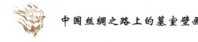 

墓，1座双室墓，且全部分布在南阳地区。

东汉晚期：河南地区东汉晚期遗存壁画墓12座，而且其中有7座分布在河南密县地区，4座分布在洛阳地区，1座分布在郑州地区。其中多室墓9座，单室墓2座，双室墓1座。可以推测在东汉晚期的上层社会里，较为流行多室墓。

河南地区东汉晚期遗存画像石墓10座，8座分布在南阳地区，2座分布在邓州与新乡地区。其中5座为多室墓，3座双室墓，1座单室墓，1座不详。

河南地区汉代遗存画像石墓中有4座年代无具体断代，其中3座在漯河地区，且墓葬形制不详，1座分布在南阳地区，为多室墓。

河南地区汉代遗存画像砖墓中有2座年代不可考，且全部为双室墓，分布在河南淅川地区。

由此可见，河南地区在两汉时期的壁画墓相当流行，这固然是一时风气习染，但与河南地区在两汉时期作为全国经济和文化发达地区的现实是分不开的，也与东汉以后河南作为全国政治中心之间存在着密切的关系。

从壁画墓分布的时空关系来看，洛阳地区和南阳地区的壁画墓占有绝对多数，这是由于前者在两汉时期都是全国的政治和文化中心城市，后者则是东汉时期的"帝乡"，是仅次于京师的另一个政治中心，也是贵族豪强的聚居之地，因此这两个地区发现大量高等级的壁画墓顺理成章。从壁画形制来看，西汉及新莽时期河南地区以壁画墓和画像石墓为主，而东汉时期则以画像石墓占绝大多数。

二、形制类型

（一）墓室形制

河南省墓室壁画的汉代墓葬共有77座。根据墓室构筑方式的不同，除漯河地区3座墓葬形制不详外，我们将其余74座墓葬的墓室形制分为单室墓、双室墓和多室墓三个大类。

1. 单室墓

此种类型的汉代墓葬形制在河南共发现 20 座,除 1 座位于永城的彩绘壁画墓①,其余分布于南阳、洛阳、商丘等地,且均为小型的画像石墓(包括 7 座石椁墓)。值得一提的是,若从时间上看,这 20 座单室墓中有 13 座属于西汉时期的遗存;从葬制上看,13 座西汉单室墓中有 7 座石椁墓,这表明单室墓及带耳室的单室墓是西汉时期较为流行的墓室形制,作为葬具的石椁在西汉也比较受重视。

以洛阳偃师后杜楼村西汉画像石椁 M1、M2、M24、M3 墓(图 2-2)为例②,这 4 座石椁墓均为洞室墓,由墓道、耳室、土洞墓圹和石椁组成。而河南夏邑吴庄石椁 M2、M26、M28 为土圹石椁墓,墓圹全为长方形土坑竖井式,椁室一般由前后各一挡板,左右各一侧板,上一盖板,下一底板共 6 块石板组成。石板多为青石,都经过加工。前、后挡板两端刻有弧形或梯形的榫头,左右侧板两端内壁挖有相对应

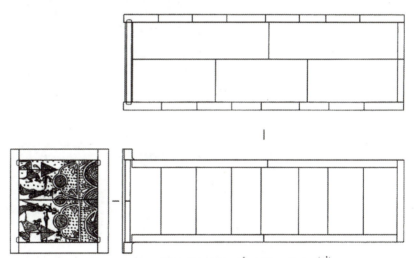

图 2-2 洛阳偃师后杜楼村西汉画像石椁墓平、剖图 西汉

(采自杨会霞、徐婵菲:《洛阳偃师后杜楼村西汉画像石椁墓》,《中国国家博物馆馆刊》2013 年第 2 期)

---

① 河南省文物研究所、永城县文物管理委员会:《河南永城芒山西汉梁国王陵的调查》,《华夏考古》1992 年第 3 期。
② 杨会霞、徐婵菲:《洛阳偃师后杜楼村西汉画像石椁墓》,《中国国家博物馆馆刊》2013 年第 2 期。

的凹槽，挡板和侧板成直角扣合在一起，底板托于其下，盖板扣于其上，组成一个长方匣形椁室，木棺或漆棺放置其中。①

从墓形上看，洛阳偃师后杜楼村西汉画像石椁墓的形制和建筑方式与洛阳烧沟汉墓第一型一式相同②。画像石共计4件，为门扉和右壁椁板石。

2. 双室墓

双室墓和多室墓均是在横穴墓大量出现并流行的基础上逐渐演变而来。目前，河南地区发掘的汉代双室墓共有20座，其中有16座集中在河南南阳地区。以上数据表明汉代双室墓在南阳地区的流行程度。

以河南省南阳市万家园汉画像石墓（图2-3）为例，这是一座较为典型的双室墓。该墓系长方形竖穴土坑墓，由墓道、封门、墓门和南、北室组成。墓室主体为砖结构，封门、墙体、铺地砖均用青灰色小条砖构筑。石料用于墓门的门楣、门柱、门扉、垫石等部位，画像即镌刻在这些建筑构件上。该画像石墓既保

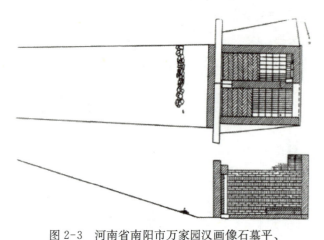

图2-3　河南省南阳市万家园汉画像石墓平、
剖面图　西汉晚期

（采自蒋宏杰等：《河南省南阳市万家园汉画像石墓》，
《中原文物》2010年第5期）

留了汉代画像石墓初期特征，又体现了兴盛时期的早期特点，反映了南阳画像石墓由初期向兴盛时期过渡的情况③。

淅川县下寺汉画像砖墓的墓葬形制在东汉时期较有代表性。这座画像墓平面是长方形，前后室宽窄相同。但墓室地面的前后高低有别、墓道斜坡和用子母砖券的特点，在

---

① 刘兆云：《河南夏邑吴庄石椁墓》，《中原文物》1990年第1期。
② 洛阳区考古发掘队：《洛阳烧沟汉墓》，科学出版社，1959年。
③ 蒋宏杰、宋煜辉、张晗：《河南省南阳市万家园汉画像石墓》，《中原文物》2010年第5期。

洛阳、贵州、江苏、广东的东汉早期墓中都有发现①。墓道居中在豫西东汉墓中所常见。所出的画像砖用模印高浮雕是豫西地区的东汉画像砖墓中较突出的特征之一。②

此外，还有一类双室墓为带耳室的双室墓。其中较为典型的如河南新乡市王门东汉画像石墓（图2-4）。该墓为画像石封门的砖结构多室券顶墓，由墓道、墓门、甬道、中门、中甬道、前室（附南北耳室）、后甬道和后室构成，各室及甬道平面均呈长方形。其中值得注意的是该墓葬的墓门，墓门石结构，通高1.84米，由门框、门楣、地栿及两门扉构成，皆为青石质，门框浅浮雕菱形几何纹。门楣浅浮雕双鱼纹。门扉左右等宽，边框刻连弧纹，内浅浮雕从上至下刻朱雀、铺首衔环、游鱼。所雕朱雀，一个展翅欲飞，一个静静站立。铺首衔环和朱雀一样，一高一低。两条游鱼尾巴相对。从墓葬形制及规模来看，其墓主人的身份应不比唐庄汉墓墓主人低。王门这座汉画像石墓的发掘，将开拓人们对这一地区汉墓认识的视野③。

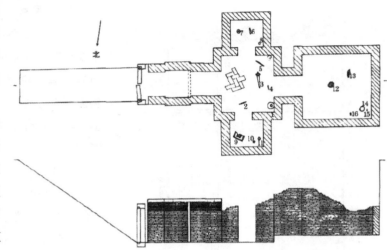

图2-4 平、剖面图 河南新乡市王门东汉画像石墓 东汉
（采自赵争鸣等：《河南新乡市王门东汉画像石墓的发掘》，《华夏考古》2012年第3期）

---

① 1.《洛阳烧沟汉墓发掘报告》；2.《贵州赫章县汉墓发掘简报》，《考古》1966年第1期；3.《江苏徐州十里铺汉画像石墓》，《考古》1966年第2期；4. 《广东增城金兰寺汉墓发掘报告》，《考古》1966年第1期。
② 李松：《淅川县下寺汉画像砖墓》，《中原文物》1982年第1期。
③ 赵争鸣、赵昌、申文、韩子宾、李慧萍：《河南新乡市王门东汉画像石墓的发掘》，《华夏考古》2012年第3期。

3. 多室墓

多室墓是在双室墓的基础上演变而来，集中出现在东汉晚期。河南地区此种形制的壁画墓数量最多，共有36座，其多室壁画墓12座，且分布在河南密县的多室墓全部为壁画墓，分布在南阳地区的多室墓有18座之多，其中只有2座为画像砖墓，分别是新野樊集汉画像砖M24墓（图2-5）①和淅川汉画像砖墓M1②，其余均为画像石墓。

南阳麒麟岗汉画像石墓是河南地区较为重要的一座汉代大型多室墓。该墓为拱券顶的砖、石混砌结构，墓葬的骨架部分全部用条石、石板构筑。该墓由二大门、前室、南主室、中主室和北主室五部分组成，墓室平面呈"而"字形。墓葬二大门由二门楣石、南北二立柱、中柱和两块下槛石构成。二门的上下槛各刻凿有两个门枢窝以安装石门扉。前室两扇门的背面即为前室西壁。在南大门的南端另用一门楣，一立柱与南大门南立柱砌成一假门，前室北壁系用二侧柱、一中柱、二门楣石与下槛石构筑成东西并列的两个假门，假门外侧各用两块石板堵砌。前室南壁与北壁的砌筑方法相同。前室顶部用九块宽窄不同的石板东西纵铺、构筑成顶，两端以榫扣与门楣石相扣。三主室用二门楣、四立柱和下槛石

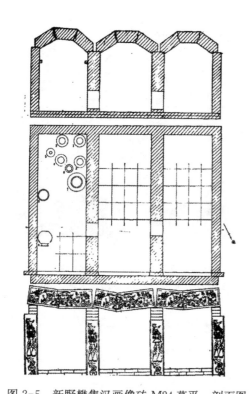

图 2-5 新野樊集汉画像砖 M24 墓平、剖面图
汉武帝至新莽时期
（采自赵争鸣、赵成甫：《新野樊集汉画像砖墓》，
《考古学报》1990 年第 4 期）

---

① 赵成甫：《新野樊集汉画像砖墓》，《考古学报》1990年第4期。
② 南阳地区文物研究所、淅川县博物馆：《河南淅川汉画像砖墓发掘报告》，《华夏考古》1994年第4期。

构筑成南北并列的三个门。北主室北壁为三个东西并列的假门，假门外侧各用石板堵砌。北主室南壁用三门楣、四柱和下槛石构筑成东西并列的三门与南主室互通。其东壁的砌筑方法系在该室南、北二壁最东边的立柱外边，用两块石板堵砌而成。中主室南壁用三门楣、四立柱、门下槛石砌筑成东西并列的三门。东边一门安装一扇石门扉，可与南主室互通。其他二门以石板封堵。在该墓室门槛石上用小砖铺砌有一道南北向排水沟，此排水沟与前室墓地排水沟相连。

该墓共使用条石、石板111块，雕刻画像153幅。墓室的大门、前室、主室顶、壁、门处均作起突雕刻。画像题材非常广泛，天文星象、神话传说、舞乐百戏、装饰图案、象征符号无所不有。尤其值得注意的是，中、北二主室东端墓壁皆刻画大幅人物画像，依其所在位置，当分别为墓室男、女主人肖像，这在汉代壁画墓中较为少见。从艺术的角度来看，画面构成疏朗大气，节奏流畅飞动，线性韵律力透石背，可以作为南阳汉画像石墓的代表作①。

（二）壁画形制类型

河南省的汉代墓室壁画有三种形制：画像石、画像砖和彩绘壁画。画像石墓集中分布在南阳地区，在洛阳、商丘等地也偶有发现。画像砖墓则全部集中于南阳地区，其他地区迄今为止尚未见报告。彩绘壁画墓主要分布在洛阳地区，另一个分布较为集中的地方为新密地区，其他地方则较为少见。

1. 画像石

河南发现的画像石墓最多，共有50座，其中大部分集中分布在南阳、永城、洛阳、漯河、商丘等地。

如河南南阳县英庄汉画像石墓共出土53幅画像，除图案花纹外，反映当时统治阶级生活与思想的画像计40幅。

---

① 王煜：《南阳麒麟岗汉画像石墓天象图及相关问题》，《考古》2014年第10期。

英庄墓为砖石混作，它不同于西汉晚期的纯石平顶墓。与东汉早期墓相比，虽然墓门、主室门、大梁等主要部位使用石料，其他部位用砖，这一点是相同的；但是东汉早期的一些画像石墓大梁前端透雕成龙头，前室较主室宽广得多，平面形成"T"字形①，而此墓则不同。与东汉中后期的多室墓对比，此墓形制更不相同。

英庄画像石以写实为主，与南阳东汉早、中期墓的画像有区别。尤其是墓门门楣这一主要部位的刻勒，东汉早、中期形成了一定的规律，以升仙内容为主，其间伴以驱魔逐疫。而在较早的墓中并非如此。此墓画像属于较早的类型②。

河南南阳蒲山二号汉画像石墓是一座规格较大的砖石结构的双室墓。该墓共用石材24块。其中有17块雕刻各类画像和题字32幅。在雕刻技法上，该墓所刻30幅画像，均使用了横竖纹衬地的剔地浅浮雕雕刻方法，与早期汉画像石墓中横竖纹衬地凹面阴线刻雕刻方法不同，应属于稍晚时期的作品。从画像布局和内容看，画像主要分布在墓门和墓室隔墙的门柱、门楣、门扉、过梁及立柱上。内容为南阳汉画中常见的白虎、朱雀、铺首衔环、门吏、侍女、鼓舞、龙、虎、熊等。这些都与蒲山M1、英庄墓、熊营墓、中建七局机械厂墓相似③。

再如，南阳唐河县电厂汉画像石墓，该墓为方形带墓道土坑砖石墓，墓室由前室、东西两主室、东西两侧室和后室组成。两侧室后端与后室两端相通，除前大门安装有门框、门楣、门扉外，主室及侧室前门仅有门框、门楣而无门扉。门楣、门扉、门框（柱）、隔墙柱、隔墙横梁、垫底均为石制，共用石36块。墓室的墙和各室上部的双层栱券素面灰砖砌券，墓室内地面用素面方砖平铺。该墓葬共出土画像石刻35幅，画像雕刻技法为剔地浅浮雕，空间不施地纹，人物或动物形象的细部

---

① 参见《河南南阳石桥汉画像石墓》，《考古与文物》1982年第1期；《南阳县王寨汉画像石墓》，《中原文物》1982年第1期。
② 南阳地区文物工作队、南阳县文化馆：《河南南阳县英庄汉画像石墓》，《文物》1984年第3期。
③ 南阳市文物研究所：《河南南阳蒲山二号汉画像石墓》，《中原文物》1997年第4期。

用阴线勾画，为南阳地区早期画像石的典型特征，也是南阳地区同时期画像石中的优秀作品。①

2. 画像砖

相对于画像石墓和彩绘壁画墓而言，河南省的汉代画像砖墓不多，目前仅在河南南阳新野发现西汉武帝至新莽时期的画像砖墓5座，另外在淅川地区发现画像砖墓3座。

新野樊集汉画像砖墓形制多样，包括单室墓、单室侧室墓、双室墓、双室侧室墓和多室墓，以下分别介绍。

单室墓以M23为例，墓室平面为长方形，带墓道。墓门由南北两立柱和门楣组成，门楣为空心砖，两柱为实心长方砖。为了使门柱立牢，壁砖最上一层的前端压在柱砖的上部，两柱在铺地砖下面又分别埋入地下，门柱及门楣上均有画像。

单室侧室墓以M28为例，该墓葬平面为曲尺形，有封门。墓由5块实心长方画像砖构筑，共有东、中、西三个砖柱，为了使门柱稳固，壁砖上方三层砖的前端压在柱顶上，三根砖柱在铺地砖下面埋入地下，砖柱上均模印有画像；两门楣大小略等，画像同模印制。主室西壁留有通道与侧室相通。

双室墓以M39为例，该墓葬平面呈长方形，墓门由5块实心画像砖筑成，门柱砖上端被东、西两壁与隔墙最上一层向前伸出的砖压牢，埋入铺地砖下。柱砖大小略等，画像相同，上为凤阙，下为门吏。两门楣长宽相近，门楣画像同出一模，均为渔猎和车马出行。墓中间用长方砖错缝平砌，筑成隔墙，将整座墓分成东、西两室，两室大小相同。隔墙留有过道，使两室相通。

双室侧室墓以M40为例，该墓葬由南、北两主室和一个侧室构成。主室前有较长的斜坡墓道。主室墓壁用小条砖顺砌而成，两室隔墙用方砖砌筑。隔墙前部下方留过

---

① 《南阳汉画像石》编委会：《唐河县电厂汉画像石墓》，《中原文物》1982年第1期。

道。过道上方横嵌一块实心画像砖。画像内容为虎吃牛。主室内有散乱的空心画像砖残片。侧室位于北主室封门前偏北部位,现存门柱画像两方,西柱画像为凤阙、门吏;东柱画像上为射鸟,中为拜谒,下为乐舞百戏。

三室墓以 M24 为例,该墓葬由并列的东、中、西三个墓室组成,墓前有斜坡墓道。墓门由四门柱、三门楣构成。四门柱宽、厚略等,长度略有差别,画像为凤阙、门吏、白虎、铺首衔环、女娲等。三门楣画像相同,为车骑出行、鼓舞、泗水捞鼎等。

该墓群绝大多数画像石墓都有前堂、后室主体结构,唐河县郁平大尹冯君孺人墓的结构尤为复杂,由前室、车库、库房、中室、后主室、内室、回廊等十多个部分组成,俨然是一座奢华的地下宅第。画像石墓是用石或砖石合用筑成的,骨架部位都使用画像石。①

3. 彩绘壁画

河南省的汉代彩绘壁画墓共发现 19 座,其中包括洛阳地区 10 座、新密 7 座壁画墓;另有永城和郑州各 1 座,即河南永城芒山柿园壁画墓②和荥阳苌村汉代壁画墓③。美国波士顿美术馆藏洛阳汉墓,该墓为汉代迄今为止发现的汉代最早彩绘壁画墓。

洛阳偃师辛村壁画墓,为新莽时期的一座大型的多室壁画墓。此墓为套榫结构的空心砖壁画墓,由竖井墓道、墓门、墓室及耳室组成,墓室分前室、中室和后室三部分,前室和中室之间用一道勾栏门式建筑隔开,中室和后室之间用一横额相隔。此墓葬最具

---

① 黄雅峰主编:《南阳麒麟岗汉画像石墓》,三秦出版社,2008 年。
② 河南省文物研究所、永城县文物管理委员会:《河南永城芒山西汉梁国王陵的调查》,《华夏考古》1992 年第 3 期。
③ 郑州市文物考古研究所、荥阳市文物保护管理所:《河南荥阳苌村汉代壁画墓调查》,《文物》1996 年第 3 期。

特点之处在于，在预制空心砖时先留下了素面平整、供绘壁画的地方。绘画时先涂白色底，再线条勾勒，最后根据不同部位施以红、绿、蓝、黄、黑等色。除两耳室的门吏绘在带模印纹饰的空心砖之上而漫漶不清外，其他大部分尚清晰，个别部分颜色鲜艳如初。壁画内容则包括执棨戟门吏、常仪、羲和、方相氏、庖厨图、宴饮对舞图、西王母及玉兔捣药等。①

三、题材类型

河南汉代墓室壁画的题材内容颇为丰富，涉及当时社会生活的诸多方面，同时也反映了时人对宇宙人生、幽冥世界的想象和看法。具体来看，这些题材内容大致可分为四类：其一，反映现实社会生活生产的内容，主要是墓主人生前经历和日常家居生活的图像；其二，描写历史人物故事的内容；其三，表现古人宗教思想观念的内容；其四，丰富多变的装饰图案的内容。

（一）现实生活类

这类题材在河南的汉代墓室壁画中十分流行，围绕着墓主人生前的活动而展开，主要有车马出行图、庖厨宴饮图、乐舞百戏图、生活家居图等。

1. 车马出行图

车马出行图是汉代墓室壁画中十分流行的题材，这不仅是墓主人身份地位的象征，同时也起着引导墓主人升仙的功能。

比如，洛阳市朱村东汉壁画墓的《车马出行图》（图2-6）位于墓室南壁中下部，距墓室高1.1米左右，画面长约4.76米，宽约0.33米。该墓壁画颜色鲜艳，布局严谨，线条流畅，马昂首嘶鸣，形象生动，人物栩栩如生，充分表现了当时绘画者较高的

---

① 洛阳市第二文物工作队：《洛阳偃师县新莽壁画墓清理简报》，《文物》1992年第12期。

图 2-6　车马出行图　洛阳市朱村东汉壁画墓墓室南壁　东汉
出自洛阳市第二文物工作队：《洛阳市朱村东汉壁画墓发掘简报》，《文物》1992年第12期

艺术水准。此壁画墓的发掘，为我们研究东汉晚期或曹魏时期的绘画艺术、人们的服饰等方面提供了珍贵的实物资料①。

---

① 洛阳市第二文物工作队：《洛阳市朱村东汉壁画墓发掘简报》，《文物》1992年第12期。

如 1995 年河南省荥阳市王村乡苌村汉墓出土的《车马出行图》（图 2-7）。

该壁画位于前室中部，分上、中、下三层，每层之间用红线相隔。中层各种车辆驾单马飞奔，主车上有题榜"供北陵令时车"，红马黑车，上坐二人，均戴平巾帻，右侧一人着黑袍驾车，左侧一人穿红袍躬身车内。其后一辆为"郎中时车"，黑马，红缰，黑车带盖，上坐二人。前面有四辆轺车同向奔驰①。

又如 1984 年河南省偃师市杏园村首阳山电厂汉墓出土的《安车出行图》（图 2-8）。现存于偃师商城博物馆。

壁画位于前横堂北壁。安车四维车幡，彩饰伞盖，装饰华贵。车主头戴平巾帻，身穿红色宽袖长袍坐于车舆右侧。御夫居左，手持缰绳。安车后部跟随有骑吏，骑吏皆红衣黑马②。

---

① 徐光冀、汤池、秦大树、郑岩：《中国出土壁画全集》，科学出版社，2012 年。
② 徐光冀、汤池、秦大树、郑岩：《中国出土壁画全集》，科学出版社，2012 年。

图 2-7　车马出行图　河南省荥阳市王村乡苌村汉墓
东汉（25—220 年）

（采自徐光冀主编：《中国出土壁画全集 5》，科学出版社，2012 年）

图 2-8　安车出行图　偃师市杏园村首阳山电厂汉墓
东汉（25—220 年）

（采自徐光冀主编：《中国出土壁画全集 5》，科学出版社，2012 年）

河南荥阳苌村汉代壁画墓的车马出行图则较有特点①。该墓前室侧壁的壁画画面分上下四层，用赤线分界，多为车骑出行图。车骑队伍排列整齐，气势宏大，一些车辆有隶体墨书榜题。不少车骑、人物保存较好，构图多样，色彩鲜艳。车辆的类别有斧车白盖轺车、皂盖车、皂盖朱左幡轺车、皂盖朱两格轺车、赤盖轩车等多种。从墓葬形制、隶书榜题以及壁画的内容、技法、人物服饰等与同类墓葬相比较，特别是大量的表现墓主仕宦经历和身份的车骑出行题材，具东汉晚期特征②。

如唐河针织厂汉墓出土的《车马出行图》（图 2-9～图 2-11）。

图 2-9　车马出行图一
河南唐河针织厂汉墓
东汉早期
（采自周到、李京华：
《唐河针织厂汉画像
石墓的发掘》，《文物》
1973 年第 6 期）

图 2-10　车马出行图二
河南唐河针织厂汉墓
东汉早期
（采自周到、李京华：
《唐河针织厂汉画像
石墓的发掘》，《文物》
1973 年第 6 期）

---

① 郑州市文物考古研究所、荥阳市文物保护管理所：《河南荥阳苌村汉代壁画墓调查》，《文物》1996 年第 3 期。

② 中国社会科学院考古研究所：《新中国的考古发现和研究》，文物出版社，1984 年。

第二章 兴盛期的墓室壁画

2. 导骑图

导骑属于车马出行图中的一部分，作为主车的仪卫，在汉代墓葬壁画中较为常见。如河南省偃师市杏园村首阳山电厂汉墓中的《导骑图》（图2-12），位于前横堂南壁。由六名骑吏组成，均头戴平巾帻，穿宽袖长袍骑于黑马之上，马均作奔走状①。

3. 拜谒图

汉代社会极力推崇儒家礼乐传统在治国安邦中的重要作用，因此迎宾拜谒图在汉代墓室壁画中较为常见，反映的是生徒、属吏向墓主人拜谒的场景。如洛阳八里台汉墓中的《迎宾谒图》（图2-13）、唐河冯君孺人墓的《拜谒图》（图2-14）等。河南南阳十里铺画像石墓的拜谒图，位

---

① 徐光冀、汤池、秦大树、郑岩：《中国出土壁画全集5》，科学出版社，2012年。

图2-11　车马出行图三 河南唐河针织厂汉墓 东汉早期
（采自周到、李京华：《唐河针织厂汉画像石墓的发掘》，《文物》1973年第6期）

图2-12　导骑图 偃师市杏园村首阳山电厂汉墓 东汉（25—220年）
（采自徐光冀主编：《中国出土壁画全集5》，科学出版社，2012年版）

图 2-13　迎客谒图　洛阳八里台汉墓　西汉（公元前 206—25 年）
（采自徐光冀主编：《中国出土壁画全集 5》，科学出版社，2012 年）

第二章 兴盛期的墓室壁画

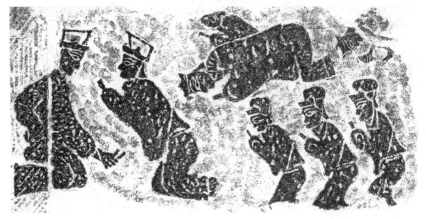

图 2-14 拜谒图 唐河汉郁平大尹冯君孺人画像石墓 西汉晚期
(采自南阳地区文物队、南阳博物馆:《唐河汉郁平大尹冯君孺人画像石墓》,
《考古学报》1998 年第 2 期)

中部卷·河南分卷

于后室南壁第37幅在上部东石南侧,画面中间两女子,高髻,凭几端坐;其左三人,一人握剑站立,二人执戟屈身而拜;其右两人,一人立姿,身前倾,另一人跪姿,俯首拜谒①。

4. 庖厨图

庖厨图是汉代墓葬壁画中最常见的内容之一,有学者认为,庖厨图不仅反映了现实生活场景,也是汉代礼制的表现②。但从考古资料来看,河南地区汉代出现的庖厨图的数量和比例较其他地区为小,且相关描述的文字也不多,其中的原因值得关注。

如河南南阳英庄汉画像石墓,此墓共出土53幅画像,庖厨图3幅。其一主体为一橱,其顶部似仿屋顶建筑③。

而密县打虎亭大型汉墓出土的《庖厨图一》(图2-15)、《庖厨图二》(图2-16)最具代表性。《庖厨图一》位于墓1东耳室东壁。画面的左上角刻肉架二,其上悬各种肉食;架下置牛头、牛腿各一。肉架的右侧刻一蹄足大鼎,鼎内烹煮肉食。鼎左一人将棍伸入鼎内

图 2-15 庖厨图一 河南密县打虎亭大型画像石墓 东汉晚期
(采自 河南省文化局文物工作队:《河南密县打虎亭发现大型汉代壁画墓和画像石墓》,《文物》1960 年第 4 期)

---

① 南阳地区文物工作队、南阳县文化馆《河南南阳县十里铺画像石墓》,《文物》1986 年第 4 期。
② 杨爱国:《汉画像石中的庖厨图》,载于孙进己、孙海主编:《中国考古集成·华北卷:河南省、山东省战国-秦汉》卷 3,中州古籍出版社,2000 年。
③ 赵成甫:《河南南阳县英庄汉画像石墓》,《文物》1984 年第 3 期。

搅肉。鼎右一人负薪前行,其前刻一灶,灶上刻有釜、甑、烟囱。灶侧一人作烹饪状。画面右下角刻一带架方井,井侧立一人汲水,其旁一人端盆取水。画面中部刻有正在煮肉的大鼎。其下方刻二人,前一人端一盘,盘中盛鱼一尾;后一人端一圆案,其上置有耳杯等物。鼎右刻一人,双手伸向盆中作淘洗状。画面左下方刻一煮肉大釜,旁立一人持曲柄勺。釜右一人作曲肢蹲坐状,一手伸向持勺者,另一手伸入盆内作淘洗状。盆前有长方形盘一、小盆一。

1991年河南省偃师市高龙乡辛村汉墓壁画中的《庖厨图三》(图2-17)较为特殊,画面富于动态和生活气息。《庖厨图三》位于中室西壁南侧,图中部一人为庖丁,头戴平巾帻,身穿右衽紫红色宽袖上衣,衣袖上挽,面前摆案,左手按物于案上、右手持刀作切割状。右侧为一穿红色长裙的侍女,跪地向前面盆中作取物状,南侧放置有托盘等物。庖丁背后墙上悬挂有牲类的腿、鱼、鳖等。庖丁身前有二男子手持托盘作行走状①。

5. 六博宴饮图

六博是流行于汉代的一种弈棋游戏,在两汉墓葬壁画中也经常出现。如河南省偃师

图2-16 庖厨图二 河南密县打虎亭大型画像石墓 东汉晚期
(采自河南省文化局文物工作队:《河南密县打虎亭发现大型汉代壁画墓和画像石墓》,《文物》1960年第4期)

---

① 徐光冀、汤池、秦大树、郑岩:《中国出土壁画全集》,科学出版社,2012年。

市高龙乡辛村汉墓中的《六博宴饮图》(图2-18)。现存于偃师商城博物馆。

该《六博宴饮图》位于中室两壁。上部吊有幔帐，帐下左侧跽坐一长者，着土黄色袍服，弓背，低首张口，双手下垂。其后站一紫衣小童，双手伸于长者身侧。右侧为两个男者，均着素袍，各伸出一手，相对跽坐。中部放置一樽和耳杯。下部绘二人，左侧跽坐一女侍，肩抱一金吾状物。右边绘二男者，左侧一人着紫色袍，右侧另一人着素袍，扬手似投棋子状。两人间放一棋盘和耳杯①。

图2-17　庖厨图三　河南省偃师市高龙乡辛村西南汉墓　新莽（9—23年）
（采自徐光冀主编：《中国出土壁画全集5》，科学出版社，2012年）

---

① 徐光冀、汤池、秦大树、郑岩：《中国出土壁画全集》，科学出版社，2012年。

 第二章 兴盛期的墓室壁画

图 2-18　六博宴饮图　河南省偃师市高龙乡辛村西南汉墓 新莽（9—23 年）
（采自徐光冀主编：《中国出土壁画全集 5》，科学出版社，2012 年）

中部卷·河南分卷

6. 宴饮图

河南省偃师市高龙乡辛村汉墓出土的《宴饮图一》(图2-19)较为典型。

图 2-19　宴饮图一　河南省偃师市高龙乡辛村西南汉墓　新莽（9—23 年）
（采自徐光冀主编：《中国出土壁画全集5》，科学出版社，2012 年）

第二章 兴盛期的墓室壁画

《宴饮图一》位于中室东壁北侧。画面中间置一羊樽,上部四人分两组对饮,身边各放有樽、案等用具。右下角放有两个折腹大口瓮,瓮上部左为一老妪,妪前一侍女双手捧耳杯递上,老妪作欲接状。左下角三女子,中间一人穿宽袖翻领上衣,红色长裙,似醉酒状,左右各一侍女挽扶行进①。

此外,还有密县打虎亭墓出土的《宴饮图二》(图2-20)、《宴饮图三》(图2-21)。

图2-20 宴饮图二 河南密县打虎亭汉墓 东汉晚期
(采自河南省文化局文物工作队:《河南密县打虎亭发现大型汉代壁画墓和画像石墓》,《文物》1960年第4期)

图2-21 宴饮图三 河南密县打虎亭汉墓 东汉晚期
(王建中:《中国画像石全集·第6卷·河南画像石》,河南美术出版社、山东美术出版社,2000年)

---

① 徐光冀、汤池、秦大树、郑岩:《中国出土壁画全集5》,科学出版社,2012年。

7. 乐舞百戏图

乐舞百戏类图像是汉代娱乐生活的一大流行题材，河南地区的汉代画像石墓中大多有乐舞场面的出现，只是场面有大有小。

唐河县电厂汉画像石墓共出土画像石刻 35 幅，两主室及两侧室的门楣石 4 幅画像连在一起，组成一幅宾主观看乐舞百戏的宏大画面①。

相比之下，唐河针织厂汉画像石墓中乐舞百戏图较少，除门阙内有一舞乐场面之外，属于乐舞百戏之类的图像有：鼓舞图、乐舞和击剑图②。

南阳王寨汉画像石墓中两主室门楣上有乐舞百戏图，画面由两块门楣石组成，是一个大型的乐舞百戏场面，演员有十三人之多③。

唐河冯君孺人墓《乐舞百戏图一》（图 2-22）、《乐舞百戏图二》（图 2-23），位于墓葬南阁室南壁，画面左侧置一长榻，榻旁坐管乐队四人，左起第一人戴前低后高冠，面侧向右，双手捧竽，竽头上并有羽葆、流苏类的装饰。中间两乐人正面端坐，左手执排箫吹奏，右手摇鼗鼓，右边一人捧竖管演奏。榻右边有两女伎，皆高髻、细腰，并列弯腰甩袖舞蹈，下部女伎两脚各踏一圆盘，另有圆盘四个，似为跳七盘舞。另有一伎席地双手支撑倒立。倒立者身后站一大汉，头戴尖顶冠，赤上身倒背双手，注视倒立者，似应为诙谐戏。④

河南唐河针织厂墓出土《乐舞六博图》（图 2-24）。位于南主室南壁西端下部，画面中共有五人：左三人中二人对坐，中置博局，其上方有一樽，在左者手执箸，在右者右手高举，旁有一人站立观看。右二人对坐。⑤

---

① 吕品、周到：《唐河县电厂汉画像石墓》，《中原文物》1982 年第 1 期。
② 周到、李京华：《唐河针织厂汉画像石墓的发掘》，《文物》1973 年第 6 期。
③ 仁华、长山：《南阳县王寨汉画像石墓》，《中原文物》1982 年第 1 期。
④ 南阳地区文物队、南阳博物馆：《唐河汉郁平大尹冯君孺人画像石墓》，《考古学报》1998 年第 2 期。
⑤ 周到、李京华：《唐河针织厂汉画像石墓的发掘》，《文物》1973 年第 6 期。

图 2-22　乐舞百戏图一　唐河汉郁平大尹冯君孺人画像石墓　西汉晚期
(采自南阳地区文物队、南阳博物馆:《唐河汉郁平大尹冯君孺人画像石墓》,《考古学报》1998 年第 2 期)

图 2-23　乐舞百戏图二　唐河汉郁平大尹冯君孺人画像石墓　西汉晚期
(采自南阳地区文物队、南阳博物馆:《唐河汉郁平大尹冯君孺人画像石墓》,《考古学报》1998 年第 2 期)

图 2-24　乐舞六博图　河南唐河针织厂汉墓　东汉早期
（王建中：《中国画像石全集·第 6 卷·河南画像石》，河南美术出版社、山东美术出版社，2000 年）

　　邓县《乐舞图一》（图 2-25）、《乐舞图二》（图 2-26），位于南二侧室两块门楣石上，左边一石刻乐队，自左至右，跽坐鼓瑟者一人，手摇鼗鼓、口吹排箫者二人；跽坐吹埙者一人；其右刻建鼓一面，鼓上刻饰羽葆，鼓侧悬挂四个钲之类的打击乐器。建鼓两端各跽坐一人，双手各执桴击鼓。右边一石刻百戏，自左至右，一女伎戴冠着长衣，腰如束素，挥长袖翩翩作舞；一男子赤裸长身，左手掐腰，右臂平伸，在表演弄壶；另一女伎，双手撑地倒立，身前一物似鼓，画右跽坐三人，皆右手执桴作击鼓。右边门楣石上的"乐舞图"内容与左边相似。①

---

①　长山、仁华：《邓县长冢店汉画像石墓》，《中原文物》1982 年第 1 期。

第二章 兴盛期的墓室壁画

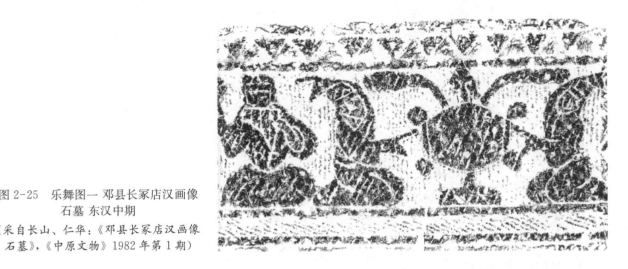

图 2-25 乐舞图一 邓县长冢店汉画像石墓 东汉中期

（采自长山、仁华：《邓县长冢店汉画像石墓》，《中原文物》1982 年第 1 期）

图 2-26 乐舞图二 邓县长冢店汉画像石墓 东汉中期

（采自长山、仁华：《邓县长冢店汉画像石墓》，《中原文物》1982 年第 1 期）

中部卷·河南分卷

图 2-27 乐舞图一 河南方城东关汉画像石墓
新莽时期或东汉初期
（采自南阳市博物馆、方城县文化馆：《河南方城东关汉画像石墓》，《文物》1980 年第 3 期）

河南方城东关汉画像石墓中的《乐舞图一》（图 2-27）位于墓门南门北扉背面，画面以两条横线分为三部分。上部三人奏乐：中间一人吹埙；右面一人左手拿排箫，右手摇鼓；左面一人右手执桴击班鼓，左手拿排箫，边吹边奏。中部画面最大，刻绘蹴鞠舞，二人头戴冠，身着紧身衣，相向蹴鞠起舞。下刻一球状物和一鼎形器。一人甩袖叉腰，脚尖踢球；一人长袖轻舒，箭步向前，作防御姿势①。

偃师高龙乡辛村彩绘壁画墓中也有《乐舞图二》（图 2-28），该图位于中室东壁南侧，画面中间绘一男一女对舞，他们的左右各绘三乐伎，皆席地而坐，正在奏乐。男舞者居左，上身袒露，右臂半屈上举，双腿半蹲。女舞者居右，上着舒袖衣，下穿裤，束腰，腰带飘曳。在两对舞者的前面，放置两个圆形三足陶奁，下部置一大型折腹盛酒陶瓮。

在绝大多数汉墓壁画中，乐舞百戏一般都是和宴饮画面结合在一起的，共同构成一幅幅墓主人及其宾客一边欢宴、一边欣赏乐舞的场景。如河南省新密市打虎亭村西 2 号墓出土的《宴饮乐舞图》（图 2-29 至～图 2-31）。画面位于墓室北壁，上边绘彩色帐幔，其下绘百戏图。画的左边绘红底黑色长方形庑殿式顶帷幕，其后并列四旗，其前绘有大案，案面绘朱色杯盘。案旁坐二人，身着长衣，应为宴饮图。帷幕两侧各绘四个衣色不同的侍者。画面上、

---

① 南阳市博物馆、方城县文化馆：《河南方城东关汉画像石墓》，《文物》1980 年第 3 期。

下两边各绘一排贵族人物,他们身穿各种不同色彩的袍服,跽坐于席上,宴饮作乐,观看百戏。两排席坐的人物所夹的空间,绘有跳丸、盘舞(已残)等百戏图像。画面宽广,构图谨严,线条健劲有力,画面色彩富丽,人物众多,表演百戏的紧张和欢乐的场面都描绘得相当生动,是汉代墓葬壁画中不可多得的精品之一。

图 2-28 乐舞图二(局部)河南省偃师市高龙乡辛村汉墓 新莽(9—23 年)
(采自徐光冀主编:《中国出土壁画全集 5》,科学出版社,2012 年)

图 2-29 宴饮乐舞图(局部一)河南省新密市打虎亭村西 2 号墓(摹本)东汉(25—220 年)
(采自徐光冀主编:《中国出土壁画全集 5》,科学出版社,2012 年)

图 2-30　宴饮乐舞图（局部二）河南省新密市打虎亭村西 2 号墓（摹本）东汉（25—220 年）
（采自徐光冀主编：《中国出土壁画全集 5》，科学出版社，2012 年）

图 2-31　宴饮乐舞图（局部三）河南省新密市打虎亭村西 2 号墓（摹本）东汉（25—220 年）
（采自徐光冀主编：《中国出土壁画全集 5》，科学出版社，2012 年）

8. 田猎图

田猎也是汉代墓葬壁画中的重要内容之一，如唐河针织厂墓出土的田猎图有多幅。《田猎图一》（图2-32），画面下部漫漶，上部尚可看出是围猎场面。右边有一骑者手执短棒，纵马飞跃，旁有一人不知持何物，左有一人持大毕；中间有一猎犬穷追一兔，下有一人一手提一兔，一手执锤堵截。画面气氛紧张。① 《田猎图二》（图2-33）画面中有两只猛虎皆张口翘尾向勇士扑来，一勇士面无惧色，前后兼顾与二虎搏斗。另一勇士持矛向另一猛虎冲去，另一人在后边招呼。

图2-32　田猎图一　河南唐河针织厂汉墓　东汉早期
（采自王建中主编：《中国画像石全集·第6卷·河南画像石》，河南美术出版社、山东美术出版社，2000年）

---

① 周到、李京华：《唐河针织厂汉画像石墓的发掘》，《文物》1973年第6期。

图 2-33 田猎图二 河南唐河针织厂汉墓 东汉早期
(王建中主编:《中国画像石全集·第6卷·河南画像石》,河南美术出版社、山东美术出版社,2000年)

9. 夫妇燕居图

夫妇家居图也是两汉时期较为常见的一种图像母题,流行于东汉后期。如洛阳西工 C1M120 东汉壁画墓中的《夫妇燕居图》,画面位于墓室东壁。上端绘有一厘米宽的朱红横栏,横栏下高悬朱色帷幕,帷幕之下横列一床,床上端坐夫妇二人。男者居左,黑冠红袍,黑绿领袖,内穿白单衣,面右而坐;左手端一小盘,盘内置耳杯一个;右手作扶托状曲于胸前;双目与女者相对,似有相让之意思。女者居右,束高发髻,上半朱红下半紫红的绸带裹于额头之上;绸带上插着红色饰物,状若云霞,身穿白领红花长袍,双手拱于胸前,朝前而坐,面部侧向左方,双目与男者相对。床后屏风曲折。屏风

图 2-34　墓主人图一　河南省新安县铁塔山汉墓　东汉（25—220 年）
（采自徐光冀主编：《中国出土壁画全集 5》，科学出版社，2012 年）

后有一仆侍，束高发髻，红色领口，面向左上方。床前设有短榻一个，榻足为卷云纹，榻端曲卷，上有云纹漆绘。榻面漆绘成块形花纹。

该壁画墓是洛阳地区首次发现的东汉壁画墓，画面内容是当时社会士大夫、官僚、地主等贵族生活的写照。东壁，应为宴饮图；南壁为车马出行图，至于北壁主仆二人及南壁东端女侍从，可能是东壁宴饮图的延伸，或是另有所属①。

10. 墓主人图

与前述夫妇对坐或燕居图不同的是，部分墓葬壁画中只有墓主人图像。如 1984 年河南省新安县铁塔山汉墓出土的《墓主人图一》（图 2-34）即属于此种类型。

画面位于墓室券顶和后壁上部。券顶用墨线勾勒瑞云图案，并填以紫色、橘黄色。后壁上部绘三人，中间墓主人拱手坐于几前，头顶发奇特，呈"品"字形发髻，突目朱唇，络腮

---

① 李德芳等：《洛阳西工东汉壁画墓》，《中原文物》1982 年第 3 期。

胡。左右分别跽坐男女各一人,左侧男子双手持物荷于肩上,右侧女子双手托盘①。

与之相类似的还有1991年河南省洛阳市东北郊朱村2号墓出土的《墓主人图二》(图2-35)。

画面位于墓室北壁,壁画为夫妇宴饮图局部。男墓主人头戴赭色进贤冠,慈眉善目,高鼻梁,朱唇大耳。留八字须,颔下留长须。身穿黑袍,皂缘领,白袖口,右衽,双手笼于袖中②。

也有极少数为女性墓主人形象,如1991年河南省洛阳市东北郊朱村2号墓出土的《女墓主人图》(图2-36),位于墓室北壁。为夫妇宴饮图局部,头戴黑色巾帻,面部丰满,柳眉秀目,朱唇小口,高鼻,容貌端庄,身穿右衽宽袖红袍,红领黑边,白袖口,双手笼于袖中。

11. 门吏图

河南汉代壁画墓中的门吏图一般都是伴随着墓主人的现实生活图或者宗教类的主题出现。是汉墓壁画中数量最大的一类,其内容也更加丰富,包括拥彗门吏、执棨戟门吏、持盾门吏、执笏门吏、持节人物、持斧人物等。

如洛阳八里台汉墓出图的《持节人物图》(图2-37)。位于墓室前墙的左侧,右边为一男吏,头戴武冠,左手持节前视;着右衽袍、白裤;其后另一男吏,头梳双髻,长

图2-35 墓主人图二 河南省洛阳市东北郊朱村2号墓出土 东汉(220年前后)

(采自徐光冀主编:《中国出土壁画全集5》,科学出版社,2012年)

---

① 徐光冀、汤池、秦大树、郑岩:《中国出土壁画全集》,科学出版社,2012年。
② 徐光冀、汤池、秦大树、郑岩:《中国出土壁画全集》,科学出版社,2012年。

眉，八字须，侧目前视；身着素袍，脚蹬黑色长筒靴，右手持节，左手扬掌前伸，似拾梯而上。其右者袖后一人，正直视右前方①。

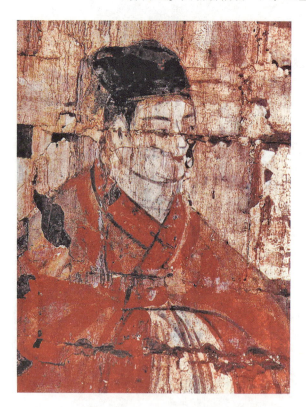

图 2-36　女墓主人图　河南省洛阳市东北郊朱村2号墓　东汉（220年前后）

（采自徐光冀主编：《中国出土壁画全集 5》，科学出版社，2012 年）

图 2-37　持节人物图　洛阳八里台汉墓　西汉（公元前 206—25 年）

（采自徐光冀主编：《中国出土壁画全集 5》，科学出版社，2012 年）

---

① 徐光冀、汤池、秦大树、郑岩：《中国出土壁画全集》，科学出版社，2012 年。

同墓中还有《持斧人物图》(图2-38),位于墓室前山墙右侧,左侧一高大男吏,头戴武冠,着袍服,素色裤,右手放于胸前,左手伸出,指向右侧持斧人摆动示意。其左侧一人,半露身躯,素衣,穿长筒靴,怒视持斧人。右侧持斧人右手持斧,左手持节,跨步向前①。

拥彗门吏是汉代墓葬壁画中最常见的一种。拥彗,是汉代迎宾礼仪之一。《史记·孟子荀卿列传》:"昭王拥彗先驱,请列弟子之座而受业。"司马贞索隐:"彗,帚也,谓为之埽地,以衣袂拥帚而却行,恐尘埃之及长者,所以为敬也。"画像石中所刻画的拥彗之"礼"是对宾客表示敬意或表示隆重而举行的仪式。这类门吏一般都刻绘在墓门的门扉或门柱等处。如唐河电厂汉画像石墓墓门东侧柱拥彗门吏,戴冠,着长衣,束腰,双手拥彗而立,上身微微前躬,显得十分恭敬。再如南阳七一乡汉画像石墓中的《拥彗门吏图》(图2-39),也是刻于墓室门南门扉东面,门吏头戴平冠,身着长袍,双手执彗,微微低头躬身侧立。汉代墓葬壁画中类似的执彗门吏形象很多,所处位置及身姿仪态基本相同,都是表示恭敬迎客的意思。

图2-38 持斧人物图 洛阳八里台汉墓
西汉(公元前206—25年)
(采自徐光冀主编:《中国出土壁画全集5》,科学出版社,2012年)

---

① 徐光冀、汤池、秦大树、郑岩:《中国出土壁画全集》,科学出版社,2012年。

还有一类门吏为执盾、执棨戟或佩剑门吏。这类门吏一般被刻绘在墓门两侧的柱石（砖）上，寓意应该是作为门卫。如南阳唐河电厂汉墓墓门画像石上的《执盾门吏图》（图2-40），头戴冠帻，身着束腰长衣，宽袍大袖，身体微微前倾，执盾而立，态度甚为恭敬。南阳方城城关东汉画像石墓门石上的《持剑执盾门吏图》（图2-41）也与之类似，画面中一人，戴冠，着长袍，双手执盾而立，腰间佩带一柄长剑。

图 2-39 拥彗门吏图 河南南阳市七一乡汉画像石墓 东汉

（采自王建中、闪修山：《南阳两汉画像石》，文物出版社，1990年）

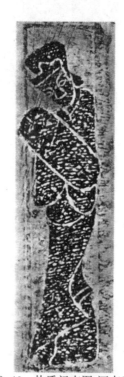

图 2-40 执盾门吏图 河南唐河电厂 西汉

（采自王建中、闪修山：《南阳两汉画像石》，文物出版社，1990年）

图 2-41 持剑执盾门吏图 河南南阳方城城关 东汉

（采自南阳汉画馆：《南阳汉代画像石刻·续编》，上海人民美术出版社，1988年）

另一类为执笏门吏。汉代，笏是一种非常普遍的生活用品，主要流行于官场之中，用于记录公务。笏在文献中又称之为"板"或"版"。关于这方面的记载不少。《汉宫仪》曰："明帝诏书曰：'昔燕太子使荆轲劫始皇变起两楹之闲。其后谒者之引客，持匕首剑刺腋。高祖偃武行文，故易之以版。'"《名义考》引徐广《车服仪制》曰："笏即手板也，汉魏以来，皆执手板。"持笏的方式，有跪、拜、揖等几种。持笏门吏形象在汉代墓葬壁画中极为常见，应该与墓主人较高的社会地位有关。如河南唐河针织厂汉画像石墓中的《执笏门吏图》（图2-42），画面中的门吏头戴进贤冠，身穿及足长袍，腰间束带，身材肥壮，双手捧一笏，倾身低首，似乎正在聆听画面中主人的训话。

与前述执彗或执兵器的门吏不同，执笏门吏一般不刻绘在墓门柱石上，而是位于墓葬主室内的柱石上，这些门吏都是戴冠着宽袖长衣，双手执笏躬腰站立，似乎表明这些执笏门吏的主要作用在于随时准备替墓主人记事。①

12. 侍女图

除了门吏之外，侍女也是墓葬壁画中最常见的形象之一。与门吏不同的是，侍女作为在内宅从事服务

图2-42 执笏门吏图 河南唐河针织厂汉墓 西汉
（采自王建中、闪修山：《南阳两汉画像石》，
文物出版社，1990年。）

---

① 吕品、周到：《唐河县电厂汉画像石墓》，《中原文物》1982年第1期。

的人员，一般出现在宴饮、庖厨等反映墓主人夫妇日常生活的场景中。如洛阳市东北郊朱村2号墓中的《侍女图》（图2-43），该图位于墓室北壁，两个侍女一前一后站立于墓主人身后，头顶有赭色帐幔，二人均头梳双髻，戴红色饰物，身穿浅灰色右衽长袍，领口皂色，袖口白色，下身着红色裤子，脚蹬红色鞋子，双手笼于袖口，右侧侍女的胳膊上还搭着一条红色巾状物。

图2-43 侍女图 1960年河南洛阳东北郊朱村2号墓 东汉—曹魏
（采自徐光冀主编：《中国出土壁画全集5》，科学出版社，2012年）

除了侍立于主人身后的贴身侍女之外，还有不少是从事各种杂役的侍女，如河南南阳征集的《持镜捧杯侍女图》（图2-44），河南南阳十里铺汉画像石墓出土的《提奁端盒侍女图》（图2-45），还有捧薰炉、持灯台、抱孩童等侍女图。凡举日常生活中的一般杂役，均由侍女承担。南阳征集的《持镜侍女图》，画面中一女子头梳高髻，髻上饰物细长，面容清瘦，着圆领宽袖长袍跽坐于地，右手持镜，镜面微凸，似乎正在照容，左手持一杯，神态悠闲自若。南阳十里铺汉画像石墓出土的《提奁端盒侍女图》，画面中的侍女头梳高髻，髻上横插发饰，身穿交领宽袖长袍，束细腰，一手提奁，一手端盒，显得非常忙碌。

图2-44 持镜捧杯侍女图
河南南阳征集 汉代

（采自王建中：《南阳汉代画像石图像资料集锦》，河南美术出版社、山东美术出版社，2000年）

图2-45 提奁端盒侍女图 河南
南阳十里铺汉墓 汉代

（采自王建中：《中国画像石全集·第6卷·河南画像石》，河南美术出版社、山东美术出版社，2000年）

(二) 历史类

河南地区汉代墓室壁画中反映历史人物故事的题材并不是很多，比较重要的墓葬为洛阳烧沟 61 号汉墓壁画。墓室中部梁额上画有一幅历史人物故事《二桃杀三士图》（图 2-46）。《二桃杀三士图》画面右端边沿上，绘有三座蓝紫色的小山峦，山右绘三武士。最右一个头挽黑髻，插黑色发簪，面为灰橙色，向左，圆眼眶红色，红唇，络腮胡须。身穿

图 2-46 二桃杀三士图 洛阳烧沟汉墓 西汉
（采自河南省文化局文物工作队：《洛阳西汉壁画墓发掘报告》，
《考古学报》1964 年第 2 期）

蓝紫色长衣，衣纹描成红色线条，腰束黑色细带，下身着白裤，微露赭色鞋。左手握剑鞘，右手握剑柄，作拔剑状。第二个武士脸型及装束与前者略同。着赭色长衣，蓝裤。面向右，两足分开站立，右手屈举胸前，扶剑柄，左手指胸前。第三个武士面向左，其装束与第一人类同，唯长衣颜色较浅。左手扶长剑，右手前伸向案取桃。桃为两枚置于盘内，盘放于长方形案上。案南立一人，面作乳红色，八字须，头戴高帽，身穿赭红色长衣，双手持旌节，姿态恭严，面向三武士。其左跪一人，头戴平顶低冠，身后立一人，服装的形式与跪者同，唯长衣绿色，与其他人的服色不同，看来可能是此画题中主人。这幅画面的北侧部分应该是表现二桃杀三士的历史故事[1]。

---

[1] 河南省文化局文物工作队：《洛阳西汉壁画墓发掘报告》，《考古学报》1964 年第 2 期。

第二章 兴盛期的墓室壁画

《二桃杀三士图》的故事显然在两汉时期流传甚广，意在赞美晏子的智慧，所以在一些墓葬壁画中，除了像烧沟汉墓中那样直接表现杀三士的故事情节，而且将故事情节延伸到另外两个重要角色——晏子和齐景公身上。例如南阳唐河针织厂画像石墓中除了有二桃杀三士之外，还有《晏子见齐景公图》（图2-47）。画面中一人戴进贤冠，着宽袖大衣，面左。左一人戴高山冠，抱一物。一人戴高山冠，跪于一武士面前。武士鼓目仰面，欲拔剑动武①。

历史故事中还有一类较为流行的是刺客故事，如荆轲、聂政、专诸、豫让和曹沫等。汉代墓葬壁画中表现最多的则是荆轲刺秦王和聂政自屠的故事。如南阳唐河针织厂出土的汉墓画像石

---

① 周到：李京华，《唐河针织厂汉画像石墓的发掘》，《文物》1973年第6期。

图2-47 晏子见齐景公图 河南唐河针织厂汉墓 东汉早期
（采自王建中：《中国画像石全集·第6卷·河南画像石》，河南美术出版社、山东美术出版社，2000年）

图2-48 聂政自屠图 河南唐河针织厂汉墓 东汉早期
（采自王建中：《中国画像石全集·第6卷·河南画像石》，河南美术出版社、山东美术出版社，2000年）

《聂政自屠图》(图 2-48) 和《荆轲刺秦王图》(图 2-49)。

南阳唐河针织厂汉墓的《聂政自屠图》有两幅，内容基本相同，其中编号 41 的画像石上共有四人，一人戴高山冠，坐于几上，后倾前仰，为一高级官吏；其身后站一小吏。另一人戴高山冠，袒左臂，仰首后倾，形象高大魁梧，右手执剑置于胸上，作自屠状；另一人戴前高后低冠，拱手立于右边，亦为小吏。

而《荆轲刺秦王图》画面中共有三人，从右至左分别为荆轲、秦王政和秦舞阳，画面中荆轲正举剑刺杀，秦王抽身站起，拔剑格挡，最左侧的秦舞阳则双腿战栗，作势欲逃。

汉墓壁画中的历史故事中还有范雎受袍的故事，在唐河针织厂画像石中有《范雎受袍图》(图 2-50)。这一故事的大意是：范雎受到魏国人须贾陷

图 2-49 荆轲刺秦王图 河南唐河针织厂汉墓 东汉早期
（采自王建中：《中国画像石全集·第 6 卷·河南画像石》，河南美术出版社、山东美术出版社，2000 年）

图 2-50 范雎受袍图 河南唐河针织厂汉墓 东汉早期
（采自王建中：《中国画像石全集·第 6 卷·河南画像石》，河南美术出版社、山东美术出版社，2000 年）

害，后逃至秦国，成为客卿。后来须贾出使秦国，范雎假装贫困，须贾赠其绨袍，范雎则宽恕了须贾。画面中四人，左起一人戴锐顶冠，着长衣，弯腰，面前置一大型圆盒半开，内装有物。另一人，戴高山冠，着宽袖长衣，面向圆盒。后有二人，冠皆锐顶，着长衣，前人抱圆形物，后人抱一长形口袋。

此外，还有一些历史故事出处不明，如南阳阮堂汉墓出土的《历史故事图》（图2-51），画面中一男子戴冠着长袍，左手执棒，右手挥拳，正在训斥一孩童，孩童惊恐地躲避于妇人臂下。妇人头梳高髻，身穿广袖长袍，双膝跪地，似乎在哀求男子。从画面内容来看，极有可能与两汉时期流行的《列女传》有关。①

图2-51　历史故事图　河南南阳阮堂汉墓　汉代
（采自王建中：《中国画像石全集·第6卷·河南画像石》，河南美术出版社、山东美术出版社，2000年）

（三）宗教信仰类

这类题材主要分为重生信仰和道教、佛教和其他信仰三大类，主要有伏羲、女娲、西王母、东王公、羲和捧日、常仪捧月、辟邪逐疫、羽人戏兽、升仙图、祥瑞图等。

1. 升仙图

汉墓壁画中升仙图很多，这类题材兴于春秋战国，盛于两汉。无论从马王堆帛

---

① 周到、李京华：《唐河针织厂汉画像石墓的发掘》，《文物》1973年第6期。

中国丝绸之路上的墓室壁画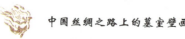

图 2-52　卜千秋夫妇升仙图（局部）洛阳烧沟村
卜千秋墓 西汉（公元前 206—25 年）
（采自徐光冀主编：《中国出土壁画全集》，
科学出版社，2012 年）

画还是洛阳升仙图壁画来看，其内容、构图特点、艺术风格和表现手法，都是同战国时期的民族美术传统一脉相承的。

如属于西汉中期的洛阳烧沟村的西汉卜千秋壁画墓就有多处画面与升仙图有关，《卜千秋夫妇升仙图》（图 2-52）。这类图像主要分布在墓门内上额、墓顶脊和墓室后壁。画在墓门上额梯形山墙正中空心砖上的是人首鸟身像。人首长发髻，两缕黑发下垂鬓角，两长耳平伸。鸟立在山顶，似展翅欲飞。有人认为此像是仙人王子乔，有人认为是标明墓主人尸体已经瘗埋的吉祥神。画在墓顶脊上的依次为：彩云、女娲、月亮、仙翁、双龙、二枭羊、朱雀、白虎、仙女、墓主人乘凤升仙、伏羲、太阳、黄蛇等图像。①

除了墓主人升仙图像之外，还有诸种表达升仙题材的墓葬壁画，其中最常见的就是仙人（包括羽人）飞升图。南阳赵寨汉画像石墓出土的《升仙图》（图 2-53），即为此一类。该图采用阴线刻，画面右侧为一白虎，上乘一仙人，仙人张弓射兽，怪兽则惊慌逃走，一边回头张望。怪兽左侧为一朱雀展翅欲飞，中一仙人，头戴笠，身穿短褐，肩生双翼，两手舞动作飞行状。仙人

① 洛阳博物馆：《洛阳西汉卜千秋壁画墓发掘简报》，《文物》1977 年第 6 期。

左侧又刻方相氏，瞪目张口，下蹲作驱魔状。左端为一应龙，在云端飞腾，应龙右边也有一只朱雀。

图 2-53 升仙图 南阳赵寨汉画像石墓 西汉昭帝时期

（采自王建中：《中国画像石全集·第 6 卷·河南画像石》，河南美术出版社、山东美术出版社，2000 年）

河南方城城关镇汉画像石墓上则有《羽人升仙图》，画面中部刻一巨口、大耳、双翼的飞龙，飞龙前刻二鲤鱼，后刻一羽人一手握龙尾飞奔。羽人即古神话中的飞仙，《仑衡·无形篇》："图仙人之形，体生毛，臂变为翼，行于云，则年增矣，千岁不死。"《山海经·海外西经》："龙鱼陵居在其北，状如狸。一曰鰕，即有神圣乘此以行九野。"郝游行云："狸当为鲤，字之讹。"飞龙能引魂升天。这幅画似表现墓主人生前有德行，死后灵魂乘神物升天①。与此墓葬壁画相类似的还有河南永城太丘二号汉画像石墓出土的《羽人升仙图》（图 2-54～图 2-56）等。

图 2-54 羽人升仙图 河南永城太丘二号汉画像石墓
东汉中期偏早

（采自王建中：《中国画像石全集·第 6 卷·河南画像石》，
河南美术出版社、山东美术出版社，2000 年）

---

① 高桂云：《河南方城县城关镇汉画像石墓》，《文物》1984 年第 3 期。

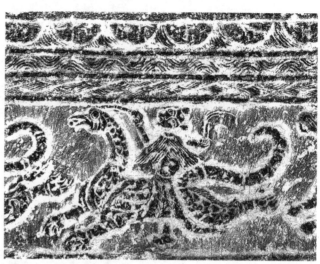

图 2-55 羽人升仙图（局部一）河南永城太丘二号汉画像石墓 东汉中期偏早
（采自王建中：《中国画像石全集·第 6 卷·河南画像石》，河南美术出版社、山东美术出版社，2000 年）

图 2-56 羽人升仙图（局部二）河南永城太丘二号汉画像石墓 东汉中期偏早
（采自王建中：《中国画像石全集·第 6 卷·河南画像石》，河南美术出版社、山东美术出版社，2000 年）

2. 伏羲擎日图

伏羲也是汉代墓葬壁画中最常见的内容之一。汉墓壁画中的伏羲有多种形态，但基本元素类似，如人首蛇身、执规矩或捧日月、成对出现等。河南洛阳北郊石油站东汉壁画墓中东部为《伏羲擎日图》（图2-57）。画面中伏羲硕首圆面，阔眉细目，小口朱唇。面北侧，朝后室，神态蔼祥，从容安宁。内着素衣高领拥颈，外着灰绿色短衣交领右衽，赭红缘，袖阔大，红宽缘。双臂上举。指头尖细，捧太阳于头顶，红日紧压乌发，中一黑鸟长喙高头似鹅，展翼叉尾，形体如燕。腹下蛇躯色同外衣，右曲转向下垂，人腹与蛇躯结合处，二兽肢褐色，右肢上抬，左肢下伸。[①]

2000年河南省新安县磁涧里河村砖厂出土的彩绘壁画汉墓中，也有《伏羲日象图》（图2-58）。画面位于墓顶两块空心砖上。伏羲头戴冠，面目残损，漫漶不清，身着红色右衽宽袖袍服，肩生羽翼，拱手，露出青色，内袖下肢为青色蛇尾，在身左侧弯曲上卷。尾托一轮红日，内绘飞翔的金乌[②]。

3. 女娲擎月图

与伏羲擎日相对的是女娲擎月。洛阳市北郊石油站东汉壁画墓中室东壁绘有《女娲擎月图》（图2-59）。

图2-57 伏羲擎日图 洛阳北郊石油站
家属院689号墓 东汉（25—220年）
（采自徐光冀主编：《中国出土壁画全集5》，
科学出版社，2012年）

---

① 洛阳市文物工作队：《河南洛阳北郊东汉壁画墓》，《考古》1991年第8期。
② 徐光冀、汤池、秦大树、郑岩：《中国出土壁画全集》，科学出版社，2012年。

女娲广额方面，长眉上挑，长目扁鼻，小口朱唇上蓄八字胡，颏下短须稀疏。乌发梳理光洁，胆形垂髻约束于脑后。面南侧，朝前小室，双目下视，仪容俊秀，神气清朗。内着素衣高领长袖，袖口呈弧形展开。外着黄褐色短衣，交领右衽，袖阔大，口收缩，领袖黑缘。双臂上举，指头尖细，捧月亮于头顶，圆月中卧一赤色蟾蜍。腹下蛇躯为浅灰绿色，右弯曲转下左曲，渐长渐细形成蛇尾，以黑色圆圈纹与双弧纹相间为饰。沿蛇躯右侧饰一条黄褐色宽带，左侧外伸卷曲的长毛数根。人腹与蛇躯的结合处二兽肢浅灰绿色，爪黄褐色，右肢上抬屈膝，虎形爪按于蛇体，左肢下垂，爪上跷露趾①。

河南省新安县磁涧里河村砖厂出土的汉彩绘壁画墓《女娲月象图》（图2-60）则有所不同。画面以女娲为中心，右侧绘有赤龙和黄龙，作缠绕相戏状，左侧绘二凤一凰，二凤在前作奔跑顾盼之状，身后一凰展翅紧追。女娲蛇身起伏向上，半环一青色月亮，月中有蟾蜍。

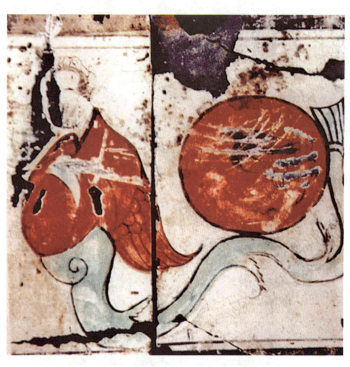

图 2-58　伏羲日象图　河南新安县磁涧里河村砖厂汉墓　西汉（公元前206—25年）
（采自徐光冀主编：《中国出土壁画全集5》，科学出版社，2012年）

---

① 洛阳市文物工作队：《河南洛阳北郊东汉壁画墓》，《考古》1991年第8期。

第二章 兴盛期的墓室壁画

图 2-59 女娲擎月图 洛阳北郊石油站家属院 689 号墓 东汉（25—220 年）
（采自徐光冀主编：《中国出土壁画全集》，科学出版社，2012 年）

中部卷·河南分卷

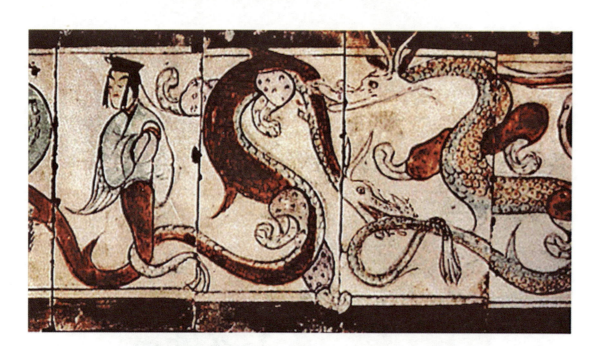

图 2-60 女娲月象图 河南新安磁涧里河村砖厂汉墓 西汉（公元前 206—25 年）
（采自徐光冀主编：《中国出土壁画全集 5》，科学出版社，2012 年）

4. 伏羲、女娲图

除了前述伏羲、女娲捧日月的形象之外，也有部分伏羲女娲手中不捧日月而是持芝草（也有人称为嘉禾），甚至手中空无一物。如邓县长冢店汉画像石墓中南二侧室门东立柱及北二侧室门西立柱所刻女娲像，人首蛇身，戴冠，双手执芝草。与之相对应的，在该墓葬中南二侧室门西立柱及北二侧室门东立柱均刻伏羲像。伏羲，人首蛇身，戴冠，双手执芝草。

而洛阳卜千秋墓中的伏羲、女娲形象又有所不同。《伏羲、日轮图》（图 2-61）位于墓室顶部左侧，头戴高冠，发髻微露，面容方正，目光威严，唇上生须，上身穿红色交领长袍,下身为蛇身,有节形纹,尾部宽大。双手合抱笼于袖中。右侧为太阳圆形红色,内有疾飞的金乌,红绿光芒四射。与之相对,《女娲图》(图2-62)位于墓室顶部右侧,她头梳山字髻,巾帛束发垂于两耳旁,相貌清瘦俊丽,面容恬静,身穿紫红色交领长袍,外罩青色罩衣,内衬红色和白色交领内衣。下身已经漫漶不清,但应亦为蛇身。双手合抱笼于袖中。①

图 2-61 伏羲、日轮图 洛阳烧沟村卜千秋墓 西汉(公元前 206—25 年)

(采自徐光冀主编:《中国出土壁画全集 5》,科学出版社,2012 年)

① 洛阳博物馆:《洛阳西汉卜千秋壁画墓发掘简报》,《文物》1977 年第 6 期。

中国丝绸之路上的墓室壁画

中部卷·河南分卷

图 2-62　女娲图 洛阳烧沟村卜
千秋墓 西汉
（公元前 206—25 年）
（采自徐光冀主编：《中国出土壁画全集 5》，科学出版社，2012 年）

5. 河伯出行图

河伯在汉代属于较为重要的神祇之一，但在汉代墓葬壁画中出现不多。河南南阳王庄汉墓出土的《河伯出行图》（图2-63）是河南出土画像石当中比较少见且保存完整的精美的宗教画像石题材。画面中刻绘四条大鱼曳引一车，车上高树华盖，一驭者双手挽辔，河伯端坐车上。图左二神怪皆一手持盾，一手操刀，为河伯开道。鱼车左右各刻一游鱼夹道。鱼之后有二神人，各以鱼作乘骑，荷戟为河伯护卫。图画空白处刻饰云气并散刻三星。①

图2-63　河伯出行图　河南南阳王庄汉墓　汉代
（采自王建中：《中国画像石全集·第6卷·河南画像石》，河南美术出版社、山东美术出版社，2000年）

6. 句芒图

句芒是传说中的主木之神，司东方，所以又被当做春天之神，其形象在《山海经》中被描述为"鸟身人面，乘两龙"。在汉代墓葬壁画中，句芒的形象并不多见。较为典型的如1976年河南省洛阳市烧沟村西卜千秋墓中出土的《句芒图》（图2-64），位于墓门内上额，人首鸟身，头绾髻，鬓垂长发，本为紫红色，上饰黑圈，点红彩斑纹。长羽飞扬，双足作行进状②。

7. 方相氏和驱邪逐疫图

方相氏是传说中驱疫之神。《周礼·夏官·方相氏》记载："方相氏掌蒙熊皮，黄金四目，玄衣朱裳，执戈扬盾，帅百隶而时难（傩），以索室驱疫。大丧，先柩。"郑玄注

---

① 南阳市博物馆：《南阳市王庄汉画像石墓》，《中原文物》1985年第3期。
② 徐光冀、汤池、秦大树、郑岩：《中国出土壁画全集5》，科学出版社，2012年。

中国丝绸之路上的墓室壁画

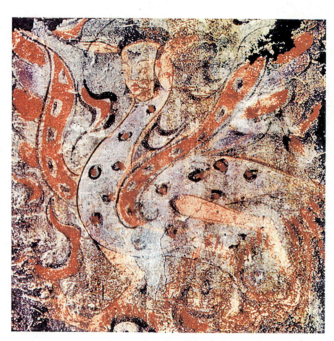

图 2-64 句芒图 洛阳烧沟村卜千秋墓 西汉（公元前 206—25 年）
（采自徐光冀主编：《中国出土壁画全集 5》，科学出版社，2012 年）

云："葬使之道（导）。"说明方相氏的职责是不仅驱疫，而且可以用来在发丧时逐除墓圹中的恶鬼。晋干宝《搜神记》卷十六亦云："正岁命方相氏，帅肆傩以驱疫鬼。"对方相氏的信仰在汉代非常流行，在汉代墓葬壁画中也常见其形象。

如河南省偃师市高龙乡辛村汉墓中的《方相氏图》(图 2-65)，位于前室勾栏上方梯形横额上，中间用红、白、绿、黑等色绘方相氏，其巨口利齿，突目阔鼻，圆耳竖立，鬃发如刺①。

除了方相氏之外，还有一些形象也可以起到御凶和驱邪逐疫的作用。如河南方城县城关镇汉画像石墓出土保存完好的东、西两墓门，上面同时刻有多种御凶和驱邪逐疫类的画像。此墓墓门上"驱魔逐疫图"中部刻一虎一牛相斗，虎猛扑，牛以角相抵；牛后刻一阉者，戴尖顶帽，左手抓牛睾丸，右手割之。虎后刻一猿。《后汉书·礼仪中》注："虎者阳物，百兽之长，能击鸷牲食魑魅者也。"猿，古时认为是神兽。牛，古时或认为是精怪，《述异记》卷上："千年木精为青牛。"动物去势，可使其性情温驯。这幅画似在表现人、神共制牛精②。

① 徐光冀、汤池、秦大树、郑岩：《中国出土壁画全集》，科学出版社，2012 年。
② 高桂云：《河南方城县城关镇汉画像石墓》，《文物》，1984 年第 3 期。

再如洛阳烧沟卜千秋墓中的《方相氏、龙虎图》(图 2-66),也有人叫"猪头神"①,位于墓室后壁山墙正中。该神祇面似猪头、二目圆睁,上穿紫色短袖上衣,下着红色短裤,上肢舞动作推拿状。下部右侧绘一赤色青龙,左边绘一白虎②。整幅画面的用意非常清楚,就是用来驱凶逐疫。

再如邓县长冢店汉画像石墓出土的《驱魔逐疫图一》(图 2-67)。在门楣石上刻有熊斗二兕图:画像左右各刻一兕,作曲颈猛抵状,中间一熊,张臂力排二兕。熊的作用也与"方相氏"类似,用以御凶邪。

图 2-65　方相氏图　偃师市高龙乡辛村西汉墓　新莽(9—23 年)
(采自徐光冀主编:《中国出土壁画全集 5》,科学出版社,2012 年)

在该墓葬第二主室的门楣石上则刻有《驱魔逐疫图二》(图 2-68),画像由两块门楣石构成,画像中部有一小熊应是方相氏,方相人立,两臂前推作纵虎之状。猛虎正张口扑食一个仰面跌倒的怪兽。前面有一夔龙,头生一角,惊愕回首。另一《驱魔逐疫图三》(图 2-69)前有一怪兽,勾头夹尾蹲坐于地,旁边有虎,张口欲噬食怪兽。虎右一兽,头生双角。后又有一兽,形体似马而头生一角,应是可以辟火的神兽疏。在画像的右上部边沿刻饰有下垂的弧形垂幔。

---

①　此形象也有人认为是方相氏,但萧兵认为这是"猪头神"形象。参见萧兵:《卜千秋墓猪头神试说》,《中原文物》1981 年第 3 期。
②　徐光冀、汤池、秦大树、郑岩:《中国出土壁画全集》,科学出版社,2012 年,第 43 页。

图 2-66 方相氏、龙虎图 洛阳市烧沟村卜千秋墓 西汉（公元前 206—25 年）
（采自徐光冀主编：《中国出土壁画全集 5》，科学出版社，2012 年）

图 2-67　驱魔逐疫图一 河南邓县长冢店汉画像石墓 东汉中期

（采自《南阳汉画像石》编委会：《邓县长冢店汉画像石墓》，《中原文物》1982 年第 1 期）

图 2-68　驱魔逐疫图二 河南邓县长冢店汉画像石墓 东汉中期

（采自《南阳汉画像石》编委会：《邓县长冢店汉画像石墓》，《中原文物》1982 年第 1 期）

图 2-69　驱魔逐疫图三 河南邓县长冢店汉画像石墓 东汉中期

（采自《南阳汉画像石》编委会：《邓县长冢店汉画像石墓》，《中原文物》1982 年第 1 期）

图 2-70 西王母图 偃师高龙乡
辛村西汉墓 新莽（9—23 年）
（采自徐光冀主编：《中国出土壁画全集 5》，
科学出版社，2012 年）

8. 西王母图

西王母是汉代墓葬壁画中出现最多的形象之一，原因在于两汉时期以西王母为核心的长生信仰的流行，河南地区的西王母形象广泛出现在画像石、画像砖和彩绘壁画墓中，从地域上则几乎遍及河南全省，如偃师市高龙乡辛村出土的西汉墓的《西王母图》（图 2-70）。西王母的外在形象也因为时间和地域的不同呈现出明显的差异。以下略举数例。

河南南阳熊营出土的汉墓的《西王母·东王公像》（图 2-71），画面中一高大豆形台，象征西王母所居的"悬圃"。西王母和东王公头戴山形冠，身穿长袍，跽坐于台上。在豆形台上方有一仙人骑鹿，一只三青鸟振翅欲飞。台下方为一玉兔；羽翅长大，正持杵捣药。

而洛阳市高龙乡辛村彩绘壁画墓中的西王母位于中、后室之间的横额正中，画面上部，两条黑色缎带束扎的紫色缎带下祥云升腾，西王母端坐云端，头戴胜，容貌端庄。其右侧为玉兔捣药，玉兔双耳奇大，背生双翼。下部祥云笼罩着一蟾蜍、一背生双翼的狗状动物。在横额上部两个构件正面,一侧绘一扭头作奔跑状的九尾狐,一侧绘一行走的男子。①

9. 四神

四神也是汉代墓葬壁画中常见的形象。一般认为,以青龙、白虎、朱雀、玄武为名的四神,确立于西汉中晚期。到东汉时大行其道,不仅作为方位神,而且也是墓葬的守护神。

比如河南省永城县芒砀山柿园汉墓出土的《青龙图》(图2-72)②,位于墓前室顶部,画幅四周为灰色边框,框内以白色绘菱格穿璧纹。中部绘一条巨龙,头左尾右,呈连续的横S形。龙首有双角,张巨口,露出白色牙齿,头后飘动着长须,脊部绘出红色和白色斑纹,有四足与双翼。青龙上部有朱雀,尖喙衔龙角,长尾。身下有白虎,爪蹬流云,口衔仙草,作跨步行进状。还有一小龙,作向上游动状。另外周边有数组飘浮的彩云。

河南省洛阳市烧沟村卜千秋墓中的《朱雀图》(图2-73),位于墓室顶脊部。所绘朱雀身体纤长,鹰头凤尾,顶有高冠,全身涂染朱色,作展翅飞翔状,双翅上有紫色斑纹,凤尾上卷似云朵状,墨色勾绘轮廓线,周围有翻卷流动的彩云③。

如南阳唐河针织厂汉墓出土的《白虎·三足乌图》(图2-74)。该画像石位于北主室顶部。画面中白虎鼓目张

图2-71 西王母·东王公像 河南南阳熊营汉墓 汉代

(采自王建中:《中国画像石全集·第6卷·河南画像石》,河南美术出版社、山东美术出版社,2000年)

---

① 洛阳第二文物工作队:《洛阳偃师县新莽壁画墓清理简报》,《文物》1992年第12期。
② 徐光冀、汤池、秦大树、郑岩:《中国出土壁画全集》,科学出版社,2012年。
③ 徐光冀、汤池、秦大树、郑岩:《中国出土壁画全集》,科学出版社,2012年。

图 2-72　青龙图　永城芒砀山柿园汉墓壁画 西汉（公元前 206—25 年）
（采自徐光冀主编：《中国出土壁画全集 5》，科学出版社，2012 年）

图 2-73　朱雀图 洛阳烧沟村卜千秋墓 西汉（公元前 206—25 年）
（采自徐光冀主编：《中国出土壁画全集 5》，科学出版社，2012 年）

口,昂首翘尾,作奔驰之状。在其右边为一日轮,内有一只三足乌。

值得注意的是,在该墓葬的北墓室顶部,还有一块画像石,上面刻有《四神图》(图2-75)。一石之上刻有左青龙,右白虎,上朱雀,下玄武。朱雀展翅欲飞,龙、虎皆有翼,玄武以蛇缠龟。四神刻于墓顶,象征四方神明,辟不祥。但四神的白虎、青龙一同位于墓室顶部,表明这一时期四神作为方位神的意义还没有完全固定。

10. 铺首

铺首就是门扉上的环形金属装饰物,一般都做成兽首衔环的形状,具有驱凶辟不祥的意义。汉代墓葬壁画中多有在门扉上装饰铺首衔环,并与其他具有辟邪意义的神鸟或神兽形成组合,共同护佑墓主人在幽冥世界的"安全"。

如河南南阳唐河石灰窑村汉墓出土的《铺首铁环图》(图2-76)较有意味,画面下方为一兽首衔环,兽首上有冠状饰,双眼圆睁,

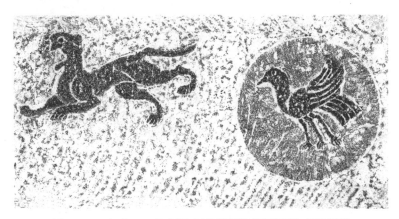

图2-74 白虎·三足乌图 河南唐河针织厂汉墓 东汉早期
(采自王建中:《中国画像石全集·第6卷·河南画像石》,河南美术出版社、山东美术出版社,2000年)

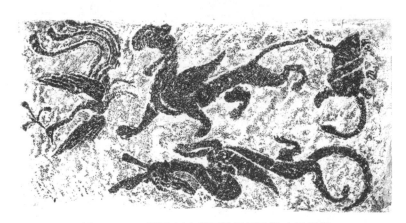

图2-75 四神图 河南唐河针织厂汉墓 东汉早期
(采自王建中:《中国画像石全集·第6卷·河南画像石》,河南美术出版社、山东美术出版社,2000年)

图 2-76 铺首铁环图 南阳
唐河石灰窑村汉墓 汉代

（采自王建中：《中国画像石全集·第
6卷·河南画像石》，河南美术出版社、
山东美术出版社，2000年）

状如水滴。兽首衔环上方为一带双阙的房屋，屋中一人凭几而坐，两旁各立一人陪侍。屋顶及阙顶上各有一神鸟或飞或栖。可见这件兽首衔环有为此房屋辟邪的作用。①

河南方城东关出土的汉墓上的《朱雀·铺首铁环·神人图》（图2-77）则是将铺首与朱雀结合起来。画面正中为一兽首衔环，兽首头戴三尖冠饰，重环圆眼，阔嘴张开，口中露出两枚獠牙，铁环从鼻翼处穿入。在其上方为一朱雀，朱雀身体颀长，头顶三道卷云形冠，口微张似欲鸣叫，双翅振开，身上及翅膀上布满鳞羽，一腿直立，以爪抓下方的铺首冠尖，一腿举起，尾部为三道卷云状长尾。兽首衔环的下方为一武士，武士头顶结发髻，上身穿紧身短衣，下身着裤，双腿作弓步状，双手前后分开，右手挥斧头，左手虚张，似乎正准备投入战斗。整个画面三部分各自独立，却又相互联系，构成一幅共同守卫门扉的画面。

该汉墓中还有一幅《应龙·铺首铁环·熊图》画像石（图2-78）。画面正中为兽首衔环，与前一幅形象基本相同。在其上方为一条应龙，应龙整体略呈"U"字形，张口吐舌，圆目怒睁，龙头上有尖长的角，背上有弧形的鳍或者鬃毛，身躯曲折，四肢粗壮，尾部上翘卷曲，在其前肢上方生有一对翅膀。兽首衔环下方则是一头熊，熊作人立状，两后肢微蹲，前肢分开，似要阻挡任何不祥进入门内。

---

① 南阳地区文物队、唐河县文化馆：《河南唐河县石灰窑村画像石墓》，《文物》1982年第5期。

第二章　兴盛期的墓室壁画

图 2-77　朱雀·铺首铁环·神人图　河南
　　　　方城东关汉墓（25-230 年）
（采自王建中：《中国画像石全集·第 6 卷·河南画像石》，
　河南美术出版社、山东美术出版社，2000 年）

图 2-78　应龙·铺首铁环·熊图
　　　　河南方城东关汉墓（25-230 年）
（采自王建中：《中国画像石全集·第 6 卷·河南画像石》，
　河南美术出版社、山东美术出版社，2000 年）

中部卷·河南分卷

（四）装饰纹样类

河南省汉代墓室壁画的装饰纹样颇为丰富，大致可以分为两类：几何装饰纹样和祥瑞装饰纹样。几何装饰纹样包括直线纹、三角纹、菱形纹、方格纹、连弧纹、斜条纹和水波纹等，这类装饰多在画面的边框，起着分割画面、美观装饰的作用。祥瑞装饰纹样包括云纹、十字穿璧纹、二龙穿璧纹、柿蒂纹等，这类装饰可安排在画面的任何部位，不仅有分割画面场景的作用，而且还有较强的象征性意味。汉代墓室壁画的装饰纹样基本采用均齐、平衡排列或混合组织排列，既有统一的形式感，同时又富于变化，使画面更加完美而极富装饰性。

总体上看，装饰纹样随着画像石、画像砖和彩绘壁画开始流行，但是大都不单独出现，一般是伴随着其他主题图像出现。汉代墓室壁画的装饰纹样也呈现出由少到多、由简至繁的发展过程。河南省汉代墓室壁画早期的装饰纹样种类不是很多，但是构图形式也较为简单。

1. 水波纹

如洛阳浅井头西汉壁画墓，该墓装饰有好多图案，如《装饰图》（图 2-79）每块砖两边用墨线作边，西边在两组粗细线间绘 8～12 道朱色水波纹，东边在一粗和一粗一细线间绘 8～12 道朱色水波纹，相连即成画框。画面并不是一砖一画，有的用两砖或三砖组成一幅①。

图 2-79 装饰图 洛阳浅井头西汉壁画墓 西汉
（采自洛阳市第二文物工作队：洛阳浅井头西汉壁画墓发掘简报，《文物》1993 年第 5 期）

---

① 洛阳市第二文物工作队：洛阳浅井头西汉壁画墓发掘简报，《文物》1993 年第 5 期。

2. 网状纹

如，密县后士郭汉画像石墓中装饰纹样运用最多且丰富，见《装饰图》（图 2-80）。该画像石共 17 块，第 1 石为墓门上的门楣石，呈三角形。阴刻两层。状卷云纹花边，两层花边之间，有六个凸起的长方形图案，图案中刻▨状纹，▨状纹四周间填以云气纹。

3. 连弧纹

第 2 石为密县后士郭汉墓的墓门门额。上下刻两组∽状云气纹。云气纹之间，刻有四个凸起的方形图案。

此外，该墓的墓门扉正面中间浮雕铺首衔铁环，四边刻∽状云气纹作边饰。

4. 云气纹

第 4 石为密县后士郭汉墓的墓门东门扉，正背两面均刻画像。门扉四边刻以云气纹，在云纹之间，上刻朱雀（头向西），下刻玄武，左刻青龙。铺首与四周边饰间，刻有粗细不同的菱形平行线。

密县后士郭汉墓南门洞门额，正面上下刻两组∽状云气纹，中部刻三个凸起的长方形块，其上刻以▨形及云气图案。长方形块之间，向内凹入，中绘朱色∽状云气纹。

第 6 石为西室中柱上护斗，正面及两侧面均刻画像。护斗正面平，敬部均刻∽状云气纹，四周均饰黑边。护斗左侧面上刻卷云纹，下刻状云气纹。右侧画面与左侧的对称，图案亦与左侧相同。

第 7 石为西室中柱，正面及左右两侧均刻画像。正面刻有三组。状云气纹。云气纹正中，另刻有一小鸟。四周为黑边。中柱左侧面刻三组。状云气纹，四周亦为黑边。中柱右侧面刻画图案与左侧面同。

第 10 石为后室西门洞门额，中部有六个长方形凹槽，将正面画像分为上下两层。凹槽内绘彩色密县后士郭汉墓∽状纹，在凹槽之间有凸起的方柱，其上绘黑色三角形纹饰。

该墓上层画像有两组大型的ᚙᚘ状图案贯串于整个画像之中。其间刻云纹，在云

纹之间又刻有各种人物、奇禽、怪兽等①（图2-80）。

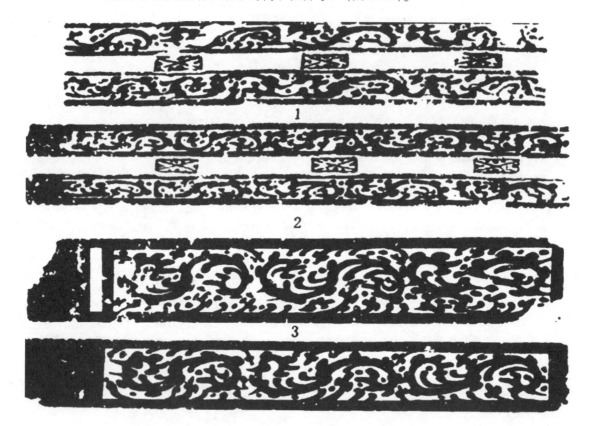

图2-80　装饰图　密县后士郭汉画像石墓　东汉晚期
（采自河南省文物研究所：《密县后士郭汉画像石墓发掘报告》，《华夏考古》1987年第2期）

---

① 河南省文物研究所：《密县后士郭汉画像石墓发掘报告》，《华夏考古》1987年第2期。

第二节　魏晋南北朝墓室壁画

一、遗存梳理

河南地区魏晋南北朝壁画墓共有 7 座，包括画像石墓与画像砖墓，主要分布于南阳地区、洛阳地区和邓州地区。南阳地区已发现的画像石墓 4 座，其中双室墓 2 座、多室墓 2 座，未发现壁画墓与画像砖墓；洛阳地区有壁画墓 2 座，为单室墓；邓州现存魏晋南北朝时期彩绘画像砖墓 1 座，为单室墓。

这一时期的壁画墓大致可以分为两个阶段，即魏晋时期和南北朝时期。属于魏晋时期的壁画墓有 4 座，都分布在南阳地区，其中多室墓 2 座，双室墓 2 座。全部为画像石墓。属于南北朝时期的壁画墓有 3 座，均为单室墓，其中 1 座位于邓州地区，为彩绘画像砖；壁画墓有 2 座，全部为单室墓，位于洛阳地区。

二、形制类型

（一）墓室形制

河南省分布的魏晋南北朝时期的壁画墓有 7 座。根据墓室构筑方式的不同，我们将其 7 座墓葬的墓室形制分为单室墓、双室墓和多室墓三个大类。

1. 单室墓

此种类型的魏晋南北朝时期的墓葬形制在河南共发现 3 座，其中 1 座是河南邓县发现的北朝彩绘画像砖墓①，该墓为带甬道的单室砖墓。根据考古报告可知，画像砖主要

---

① 陈大章：《河南邓县发现北朝七色彩绘画像砖墓》，《文物》1958 年第 6 期。

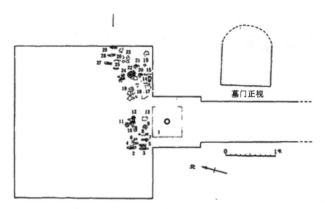

图 2-81　平面图 洛阳孟津北陈村北魏壁画墓 太昌元年（532 年）
（采自洛阳文物工作队：《洛阳孟津北陈村北魏壁画墓》，
《文物》1995 年第 8 期。）

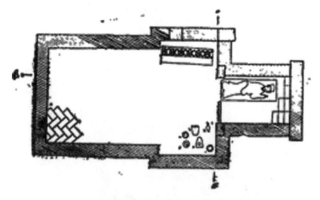

图 2-82　平面图 南阳市建材试验厂汉画像石墓 晋代
（采自南阳市博物馆：《南阳市建材试验厂汉画
像石墓》，《中原文物》1985 年第 3 期。）

分布在墓室内的十二根方柱上。另外两座是河南洛阳北魏元□墓①和孟津北陈村北魏安东将军王温墓②。北魏元□墓为单室墓，墓室正方形，穹窿顶，为双复双券，墓室东西各有一假耳室。该墓的壁画分布在墓室四壁。洛阳孟津北陈村北魏壁画墓（图 2-81）为单室土洞墓，由墓道、甬道、墓室三部分组成，墓室平面近方形。该墓壁画主要分布在甬道，墓室有壁画。

2. 双室墓

河南地区已发掘的魏晋南北朝时期的双室墓共有 2 座，全部集中在河南南阳地区，分别是南阳市王庄画像石墓③和南阳市建材试验厂画像石墓④。南阳市王庄画像石墓的画像石分布在墓门立柱、假门楣背面，主室立柱、门楣，假门，盖顶石，立柱等位置。南阳市建材试验厂画像石墓（图 2-82）为双

---

① 洛阳博物馆：《河南洛阳北魏元□墓调查》，《文物》1974 年第 12 期。
② 洛阳文物工作队：《洛阳孟津北陈村北魏壁画墓》，《文物》1995 年第 8 期。
③ 南阳市博物馆：《南阳市王庄汉画像石墓》，《中原文物》1985 年第 3 期。
④ 南阳市博物馆：《南阳市建材试验厂汉画像石墓》，《中原文物》1985 年第 3 期。

室砖石墓，平面呈"中"字形，由甬道、墓门、前室和后室组成。画像石分布在墓门正面、背面、门槛石、东北角柱、北假耳室门、南假耳室门等。

值得注意的是，这两座墓葬中的画像石的摆放位置均十分混乱，且墓葬形制、随葬品均与魏晋时期的墓葬及随葬品相近似，因此，一般认为这两座墓葬的时代属于魏晋时期，系用东汉时期的画像石墓的石建筑构件重新营造的魏晋墓葬。

3. 多室墓

多室墓是在双室墓的基础上演变而来，此种类型的墓室形制在河南地区魏晋南北朝时期现今共发掘2座，全部集中在河南南阳地区。一座为南阳市邢营画像石墓，另一座为南阳市独山西坡画像石墓。

南阳市邢营画像石墓（图2-83）坐东北面西南，长斜坡墓道，方向240°，墓顶距地表

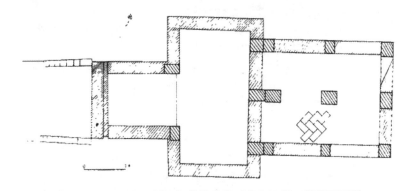

图2-83 平面图 南阳市邢营画像石墓M1墓 曹魏至西晋
（采自南阳市文物工作队：《南阳市邢营画像石墓发掘报告》，《中原文物》1996年第1期。）

约1.60米，由墓道、墓门、甬道、前室、东西主室组成（图2-83）。全长15.80米，最大宽度3.86米，墓室平面略呈"中"字形。该墓为砖石结构，用38块石材和大量小青砖、绳纹砖混砌筑成。该墓有画像石25块，刻画像33幅①。

南阳市独山西坡画像石墓（图2-84）位于独山西坡的缓平地带。该墓发现时已经露出墓室，封土和墓顶早已无存。墓葬坐北向南，方向183°，砖石结构。南北总长16.52米，东西最宽11.1米，由墓道、甬道、耳室、墓门、前室、侧室和后室等11部

---

① 南阳市文物工作队：《南阳市邢营画像石墓发掘报告》，《中原文物》1996年第1期。

分组成。各室骨架部分如门柱、门相、角柱等处均为石质,共用大小石料 44 块,约为 20 立方米①。

与前述南阳市王庄画像石墓及南阳市建材试验厂画像石墓一样,这两座墓葬虽然有汉画像石,但画像石的放置位置却是违反常规的。比如独山西坡画像石墓后室隔梁上的两块画像石刻,其位置应在墓门而不应该在隔梁上,邢营画像石墓的多块画像石出现画像倒置的现象,这说明墓室也是拆用汉墓材料所建的。

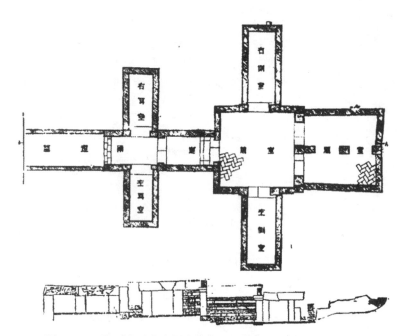

图 2-84 平、剖面图 南阳市独山西坡汉画像石墓 魏晋时期
（采自南阳市博物馆：《南阳市独山西坡汉画像石墓》，《中原文物》1985 年第 3 期。）

（二）壁画形制

河南地区魏晋南北朝时期的墓葬壁画,从形式上看有画像石、画像砖和彩绘壁画三种,但是,正如我们在前面分析的那样,魏晋时期南阳地区的画像石墓均存在用汉墓画像石来构建墓葬的现象。因此,尽管墓葬属于魏晋时期,但是墓葬中的画像却属于两汉时期。从这个角度来说,这类画像石应归于两汉,不在本节讨论的范围之内。故而我们认为,河南地区的魏晋南北朝时期的墓葬壁画形制只有两种,即画像砖和彩绘壁画。

---

① 南阳市博物馆：《南阳市独山西坡汉画像石墓》，《中原文物》1985 年第 3 期。

1. 画像砖

河南魏晋南北朝时期的画像砖墓迄今为止仅发现 1 座，即邓县南朝彩绘画像砖墓。

该彩绘画像砖墓的结构分为墓室和甬道两部分，墓壁是用花砖横竖相错砌成，左右两边各有 12 个方柱，墓室内左右两壁各有 8 个方柱，每个方柱从地平面向上横砌 3 块砖，竖砌 2 块砖，中间镶嵌 1 块画像砖，构成 1 组，墓室每根柱上有 5 组。封门砖则是用砌墓室剩下的画像砖砌成，包含不带彩绘且内容不同的画像砖 10 余种。该墓葬画像砖的雕刻艺术很高，内容非常丰富。值得注意的是，墓室内的画像砖均施彩，而封门墙内的画像砖则为素面，可见该墓葬画像砖上的彩绘是在墓葬营建好之后，由专人统一施彩，而多余的画像砖则被弃置，和其他普通素面砖一样作封门之用。[1]

2. 彩绘壁画

河南魏晋南北朝时期的彩绘壁画墓共发现 2 座，全部分布在洛阳。

河南洛阳北魏元□墓，该墓为带长斜坡墓道和甬道的单室墓，墓室呈正方形，墓室四壁和墓顶全用白灰涂地，上施彩绘。由于该墓早年被盗，壁画破坏严重，四壁仅能看出四象图（或四神图、四灵图）的零星残迹。此外，在墓室顶部依然保留着天象图，图中银河横贯南北，波纹呈淡蓝色，清晰细致。星辰约 300 余颗，星点大小相差不多，亮星之间附有连线，绝大多数的星宿名称可以辨识。[2]

洛阳孟津北陈村北魏壁画墓，该墓总体不详，东壁的壁画保存较好，内容既有墓主人夫妇对坐，又有恭守的童子和女侍，更有极富动感的舞女和清新的园林景色，画面动静交错，景情融汇，是一幅不可多得的北魏世俗画卷[3]。

---

[1] 河南省文化局文物工作队：《邓县彩色画像砖墓》，文物出版社，1958 年 12 月。
[2] 洛阳博物馆：《河南洛阳北魏元乂墓调查》，《文物》1974 年第 12 期。
[3] 洛阳文物工作队：《洛阳孟津北陈村北魏壁画墓》，《文物》1995 年第 8 期。

3. 石刻线画

河南在北魏时期以洛阳为中心还曾经流行石刻线画，所谓石刻线画是指在棺、椁、墓志等石质葬具上，用刻线勾勒人物形象和故事场景的一种绘画形式，它不同于作为墓葬建筑构件的画像石和画像砖，也不同于作为墓室壁面装饰的彩绘壁画，但其所蕴含的丧葬思想则与其他墓葬绘画形式完全一致，因此本书也将其作为墓葬壁画的一种类型合并阐述。

河南发现的属于魏晋南北朝时期的石刻线画主要集中于洛阳地区，迄今为止见诸发表的包括：现藏于美国纳尔逊博物馆的北魏孝子石棺、现藏于波士顿艺术博物馆的宁懋石室、1977年瀍河公社砖瓦厂出土的北魏画像石棺、苟景墓志盖及冯邕妻元氏墓志盖等。

三、题材类型

魏晋南北朝时期河南地区的墓室壁画的题材内容虽然不及两汉时期丰富，但也涉及当时社会生活的各个方面，反映了这一时期的人们对宇宙人生、幽冥世界的想象和看法。大体上，这一时期的墓室壁画的内容可以分为以下几类：

（一）现实社会生活类

以描绘现实社会生活生产类的题材，在河南省汉代墓室壁画中十分流行。若细致来看，还可将其细分为日常生活、娱乐生活和社会生产等几个方面。

现实生活相关的图像主要围绕墓主人生前的活动而展开，河南魏晋南北朝时期主要有乐舞百戏图、生活家居图等。

1. 墓主人夫妇图

墓主人夫妇图在汉代墓葬壁画中就已经出现，但并不普及。到了魏晋南北朝时期，墓主人夫妇图已经在墓葬中相当流行，典型的如宁懋石室上夫妇像石刻线画、孟津北村北魏墓中的夫妇家居图等。

宁懋石棺上的《宁懋夫妇像》(图 2-85)刻于室内后墙上,以双线条作出界格,分为三组,每组均为宁懋夫妇的像。三个宁懋像,均戴圆形平顶高冠,两侧插簪,身着宽袖长衣,腰束带。从面容看,右侧画像年岁较轻,有鬓无须。左侧画像年岁居中,有鬓有须,帽顶中央细绳系着流苏。中间画像年岁较高,髭须浓密,双手拱于胸前,手执莲花。宁懋之妻同样刻着三个画像,分别刻于宁懋画像的身后,提着宁懋的衣襟。其年岁同为右侧较轻,左侧居中,中间较老①。

图 2-85　宁懋夫妇像　现存于美国波士顿艺术馆
（采自郭建邦：《北魏宁懋石室和墓志》，《中原文物》1980 年第 2 期。）

洛阳孟津北陈村北魏壁画墓中的《夫妇家居图》(图 2-86) 则与宁懋石室的"传记式"表现方法不同,而是选取了墓主人夫妇居家生活的一个场景。画面中部绘一四坡顶轿形帷屋,以朱彩绘屋檐,内填云纹和弧线纹。帷屋四隅有红色立柱,正面上部和两侧有红色帷幕,左面设一长方形直棂窗,窗四角有红缨装饰。屋内弯曲的屏风下端坐二人,均着褒衣博带通肩衫,右侧一男圆脸,梳髻,朱衫,黑履,双手于胸前相交；左侧一女面向男子,双髻,穿灰黑色长衫,双手拢于腹前。二人之前地上置灰、红色奁各一。

2. 门吏武士

魏晋南北朝墓葬中依然延续了两汉墓葬壁画的传统,在墓门等位置绘制了门吏、武士等形象。如邓县彩色画像砖墓的墓门,系彩绘而成。门两旁各画一守门人,见《门史图》（图 2-87）,手持宝剑,头戴冠巾,身穿朱红色上衣,面颊上有长长的胡须,

---

①　郭建邦：《北魏宁懋石室和墓志》，《中原文物》1980 年第 2 期。

面色赤红，双目炯炯有神①。

宁懋石室也有武士画像，见《宁懋石室武士图》（图2-88）。两位武士分别刻于石室门道左右侧的外壁。以左侧武士为例，他头戴盔，双目怒视，高鼻长脸，门齿毕露，短胡狼张，长须向右飘曳。身着鳞纹甲，双足分开挺立，下肢著行縢，皂靴。右手执戟，左手握盾。戟柲上端系着带链的圆形流苏向后飘扬。武士像下刻起伏的山峦。两侧山峰重叠，悬崖绝壁，树木林立。另以莲花三朵填补画面的空白处。右侧武士形象与左侧武士近似，唯右手执剑，左手握盾②。

河南邓县学庄画像砖墓中还有武士画像砖，见《武士图》（图2-89）

图2-86　夫妇家居图　洛阳孟津北陈村北魏壁画墓　北魏
（采自洛阳文物工作队：《洛阳孟津北陈村北魏壁画墓》，《文物》1995年第8期。）

该画像系由三块彩绘画像砖拼合而成，武士黑色头发，戴皮弁，上插浅绿色发簪，面部粉红色，身穿浅黄色圆领长袍，袖口饰红色，外罩黄色披肩，脚穿黑色云头履，双手并在腹前拄一棒形兵器，可能是铁锏之类。

3. 车马出行

魏晋南北朝时期河南地区的墓葬壁画中仍然有表现贵族车马出行的画面，与两汉时

---

① 河南省文化局文物工作队：《邓县彩色画像砖墓》，文物出版社，1958年。
② 郭建邦：《北魏宁懋石室和墓志》，《中原文物》1980年第2期。

 第二章 兴盛期的墓室壁画

图 2-87 门吏图 邓县学庄
南朝墓 南北朝
（采自河南省文化局文物工作队：《邓县彩色画像砖墓》，文物出版社，1958 年）

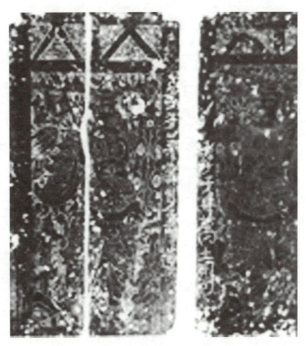

图 2-88 宁懋石室武士图 现存于美国
波士顿艺术博物馆 北魏
（采自周到：《中国画像石全集·卷 8·石刻线画》，河南美术出版社、山东美术出版社，2000 年）

期不同的是，这一时期的车马出行不再像以前那样车水马龙、仪卫众多，而是以单车（舆）为主，仪仗人数也较以前大大减少。以邓县彩色画像砖墓为例，由于该墓葬壁画都是将故事场景分列在一个个单体砖块上，再镶嵌于墓葬的不同部位，出行图的气势要小得多。但如果我们将其组合在一起，仍然是一幅非常壮观的出行画面。

邓县彩色画像砖墓中的出行图，共包括肩舆、仪卫、鼓吹、侍从等几个部分。肩舆是主人的出行用具，《肩舆图》（图2-90）画面中为一四人抬的肩舆，大致呈四方形，较浅，上方支有帷幔，四个抬肩舆的人装扮相同，均为束发、短衣、长裤，同时跨左腿向前迈进，肩舆后方有一人举着圆形羽扇随行。肩舆中没有主人在座。

与之相联系的还有仪卫画像砖两块。《仪卫图一》（图2-91）画面中四个卫士排成一列，正大步向前，四人装束相同，均束发系巾带，上身穿对襟束腰短衣，长袖垂手，下身着裤，第一、三人左肩扛环首长刀，右手持盾，第二、四人左肩扛长弓，腰间佩箭箙。第二块砖上《仪卫图二》（图2-92）也是四个卫士，排成前后两排，四人装束相同，束发系巾带，上身穿对襟束腰短衣，短衣袖至肘部，他们均左手向前伸出，手掌分开，右手垂在腰间，手中执长刀。

仪卫之外，还有鼓吹，鼓吹画像砖共有两块，第一块砖《鼓吹图一》（图2-93）上共有五人，装束相同，均为束发系巾，上身穿对襟宽袖束腰短衫，下身着裤，分别演奏笛子、胡笳、排箫、画角等乐器。第二块砖《鼓吹图二》（图2-94）上四人，均头戴元宝形大帽，帽顶有三叉形羽饰，上身穿对襟宽袖束腰短衣，束腰的帛带在身后飘拂，第一、二人吹画角，画角上饰流苏，第三、四人腰间挂鼓，右手持鼓枹敲击，左手持不知名物举起。

图2-89 武士图 邓县学庄南朝墓 南北朝
（采自河南省文化局文物工作队：《邓县彩色画像砖墓》，文物出版社，1958年）

此外，还有侍从画像砖上的《侍从图》（图2-95），上面刻绘四人正迈步前行。前两人头戴平巾帻，身穿对襟广袖束腰短衣，内衬圆领衣，下身穿长裤，第一人左手持盒，第二人手中持笏板；后两人头上梳长丫髻，其余服饰与前两者相同，一人手持羽扇，一人怀抱茵席。

第二章 兴盛期的墓室壁画

图 2-90 肩舆图 邓县彩色画像砖墓 南朝
（采自河南省文化局文物工作队：《邓县彩色画像砖墓》，文物出版社，1958年）

图 2-91 仪卫图一 邓县彩色画像砖墓 南朝
（采自河南省文化局文物工作队：《邓县彩色画像砖墓》，文物出版社，1958年）

图 2-92　仪卫图二　邓县彩色画像砖墓　南朝

（采自河南省文化局文物工作队：《邓县彩色画像砖墓》，文物出版社，1958年）

图 2-93　鼓吹图一　邓县彩色画像砖墓　南朝

（采自河南省文化局文物工作队：《邓县彩色画像砖墓》，文物出版社，1958年）

第二章 兴盛期的墓室壁画

图 2-94 鼓吹图二 邓县彩色画像砖墓 南朝
（采自河南省文化局文物工作队：《邓县彩色画像砖墓》，文物出版社，1958 年）

图 2-95 侍从图 邓县彩色画像砖墓 南朝
（采自河南省文化局文物工作队：《邓县彩色画像砖墓》，文物出版社，1958 年）

3. 贵妇出游

表现贵族生活的还有《贵妇出游图》（图 2-96），例如邓县彩色画像砖墓中出土的"贵妇出游"画像砖，画面中从左至右共有四人，第一、二人（左起）头上梳飞天髻，抬头仰视，若有所待，上身穿圆领广袖襦裙，外罩裲裆，束腰帛带垂拂，足蹬云头履，第二人手执团扇；第三、四人头梳丫髻，上身穿广袖襦裙，外罩裲裆，束腰，足蹬云头履，第四人怀抱茵席。

图 2-96　贵妇出游图　邓县彩色画像砖墓出土　南朝
（采自河南省文化局文物工作队：
《邓县彩色画像砖墓》，文物出版社，1958 年）

（二）历史故事类

流行于两汉墓葬壁画中的传统历史故事，在魏晋南北朝时期已经很少见到，取而代之的是历史上的"孝子烈女"故事，这是由于两汉时期儒家思想发扬光大的结果。儒家思想对魏晋南北朝墓葬壁画的图像母题也产生了巨大的影响。

河南地区魏晋南北朝孝子故事地域分布甚广，包括洛阳地区、邓县地区。内容则包括老莱子娱亲、郭巨埋儿、孝孙原榖、丁兰刻木奉亲、董永卖身葬父、孝子舜等。除了孝子故事之外，在邓县彩色画像砖墓中还有"商山四皓"画像砖。

1. 老莱子娱亲

《太平御览》413 卷引师觉授的《孝子传》说："老莱子者，楚人，行年七十，父母俱存，至孝蒸蒸。常着斑斓之衣，为亲取饮，上堂脚跌，恐伤父母之心，僵仆为婴儿啼。"《艺文类聚》卷二十引《列女传》说："老莱子孝养二亲，行年七十，婴儿自娱，著五色采衣,尝取浆上堂,跌仆,因卧地为小儿啼,或弄乌鸟于亲侧。"

邓县彩色画像砖墓中有《老莱子娱亲图》(图2-97)图像,画面右侧为一榻,上覆帷幔,榻上坐着一男一女两位老者,均双手扬起,似在鼓掌。画面左侧榻下一人半卧在地,他头梳丫髻,上身抬起,双手着地,左手中似乎托着一钵,一脚高举,似乎受了伤。画面生动表现了老莱子用自己的行动博取父母欢心的场景。

2. 郭巨埋儿

关于郭巨埋儿的故事,据传最早记载于西汉刘向所著《孝子传》一书中。东晋干宝《搜神记》云:"巨独与母居客舍,夫妇佣赁,以给公养。居有顷,妻产男。巨念与儿妨事亲,一也;老人得食,喜分儿孙,减馔,二

图2-97 老莱子娱亲图 邓县彩色画像砖墓 南朝
(采自河南省文化局文物工作队:《邓县彩色画像砖墓》,文物出版社,1958年)

图2-98 郭巨埋儿图 邓县彩色画像砖墓 南朝
(采自河南省文化局文物工作队:《邓县彩色画像砖墓》,文物出版社,1958年)

也。乃于野凿地,欲埋儿,得石盖,下有黄金一釜,中有丹书,曰:'孝子郭巨,黄金一釜,以用赐汝。'于是名振天下。"

邓县画像砖墓中的《郭巨埋儿图》(图2-98)画像砖,画面中有几棵树,间有竹笋,在树木之间,左侧一人头戴平帻,穿交领短袍,下身穿裤,弯腰双手持一镢,左脚踩于镢上,正在挖地,他的面前放置一釜,里面盛物,当为"一釜金",在郭巨对面,一女子头梳高髻,身穿交领广袖长裙,怀中抱着一孩童,神情木然,应为郭巨之妻和郭巨之子。

3. 孝孙原穀

《太平御览》519卷引《孝子传》曰:"原穀者,不知何许人,祖年老,(父)作舆舁,弃之。穀乃随,收舆归。父谓之曰:'尔焉用此凶具?'穀乃曰:'恐后父年老,不能更作得,是以取之耳!'父感悟愧惧,乃载祖归侍养,克己自责,更成纯孝。穀为纯孙。"洛阳孝子石棺上的《孝孙原穀图》(图2-99)位于石棺右帮上,画面的背景为崇山峻岭,山中树木繁茂,画面左侧一株大树下坐着一位老者,佝偻身躯,抬头向右侧张望,画面右侧为一中年男子,

图2-99 孝孙原穀图 现存美国波士顿艺术博物馆 南朝
(采自黄明兰:《北魏孝子棺线刻画》,人民美术出版社,1985年)

身穿圆领长袍,一手向身后,一手指向前方,似乎正在说话,老年男子和中年男子之间是一位少年,短衣长裤,双手持一件类似梯子的"舆舁",面朝中年男子,作争辩之状。

画面左侧上方有榜题"孝孙原穀"字样。

4. 丁兰刻木奉亲

丁兰刻木奉亲的故事来源颇多,据称最早源自西汉刘向《孝子传》,但原文已佚。至东汉时,丁兰故事已经广为人知,并在东汉墓葬壁画中时有呈现。东汉应劭《风俗通》记载颇简略:"世间共传丁兰刻木而事之,今此之事,岂不是似。"曹植《灵芝篇》对丁兰故事有所叙述:"丁兰少失母,自伤早孤茕,刻木当严亲,朝夕致三牲。"直至两晋时,孙盛《逸人传》方记录了较为完整的丁兰孝行:"丁兰者,河内人也。少丧考妣,不及供养,乃刻木为人,仿佛亲形,事之若生,朝夕定省。其后邻人张叔妻从兰妻有所借,兰妻跪报木人,木人不悦,不以借之。叔醉疾来,詈骂木人,以杖敲其头。兰还,见木人色不怿,乃问其妻。妻具以告之。即奋剑杀张叔。吏捕兰,兰辞木人去,木人见兰,为之垂泪。郡县嘉其至孝通于神明,图其形象于云台也。"

丁兰刻木奉亲的图像在河南地区的不少石葬具上均有发现,以宁懋石室为例,《丁兰刻木奉亲图》位于左山墙外壁。画面背景为山峦树林,中部刻一方形小榻,上架覆斗帐。榻右为面阔三间的厢房,当中间有门,其下建有台基。卧榻上有木母像,丁兰之妻跽坐榻前。她的身后站立着邻人张叔之妻。其身侧刻一树,树下一人跽坐,当为张叔。此人前置一壶、一盘及托子,耳杯五个置圆案之上。卧榻下方刻有"丁兰事木母"的榜题。

5. 商山四皓

"商山四皓"指的是秦末汉初的四位高士,即东园公、甪里、绮里季、夏黄公四人。据《史记·留侯世家》记载,这四位高士因不满秦始皇的苛政厉刑,而长期隐居在商山。西汉建立后,刘邦邀请他们辅佐自己,但是他们拒绝了刘邦的邀请,转而帮助太子刘盈,直到他当上皇帝,又回到商山继续隐居。

邓县彩色画像砖墓中的《商山四皓图》(图2-100)画像砖,画面的背景为一片崇山峻岭,山林茂密。四人坐在山林树下,一人弹琴,一人吹笙,一人手捧书卷,一人举手似有所指。神情自若,姿态悠闲。

图 2-100 商山四皓图 邓县彩色画像砖墓 南朝
（采自河南省文化局文物工作队：《邓县彩色画像砖墓》，
文物出版社，1958 年）

（三）宗教信仰类

魏晋南北朝时期河南地区的墓葬壁画依然以道教升仙题材为主，由于佛教在这一时期已经普遍流行，所以本地区的墓葬壁画中还出现了部分与佛教有关的壁画内容，值得注意的是，这一时期祆教在北方地区流传很快，尤其是北魏迁都洛阳之后，一些贵族墓葬中出现了祆教图像。以下分别叙述。

1. 升仙题材

升仙题材是两汉以来墓葬壁画中最为常见的内容之一，到魏晋南北朝时期依然兴盛不衰。这类题材包括仙人、仙人吹笙引凤、乘龙乘虎升仙等。

仙人形象在本地区魏晋南北朝墓葬壁画中较为多见，如邓县彩色画像砖墓中的"王子乔与浮丘公""仙人吹笙引凤"等神仙形象。以王子乔与浮丘公画像砖为例，该画像砖左侧一仙人坐在树下山石上，他头梳高髻，身穿交领长衫，双手捧笙正在吹奏，身前有榜题"王子桥（乔）"；在画面右侧，也是一株大树，树下站立一人，长发垂肩，身穿交领束腰长衫，左手举一麈尾，似乎正在招引，身前有榜题"浮丘公"。两人中间为一凤凰，身材颀长，展翅飞翔。画面下方有起伏的山峦作点缀。

乘龙乘虎升仙也是较常见的内容之一。这类题材主要出现在石质葬具如石棺石墓志上。典型的如元谧石墓志盖、尔朱袭墓志盖、洛阳升仙画像石棺等。洛阳孝子石棺后档上出现一幅仙人驾驭玄武图，榜题为"武士御玄武"，极为罕见。

再以洛阳升仙画像石棺为例，《乘龙升仙图》（图2-101）画像位于石棺的左右帮。左帮前部三个方士，均曳长袍戴冠巾、披羽衣，一手持团扇一手拿莲花，二人前边导引，一人手勒龙缰，都回首注视着乘龙的墓主人。中部是墓主人，乘着弯曲似舟的飞龙，他头戴冠巾，手持长柄莲花，身体大部分都隐没在巨大的龙身之后。后部是乘龙的鼓吹乐伎，二人吹笛（管），三人吹排箫，一人执桴击建鼓。画面两端刻出山林，空间点缀鸟兽，边缘饰以流云。① 该石棺右帮内容基本与左帮相同，只是把男主人换成了女主人。

图2-101 乘龙升仙图 1977年洛阳瀍河公社砖瓦厂 北魏
（采自洛阳博物馆：《洛阳北魏画像石棺》，《考古》1980年第3期）

---

① 洛阳博物馆：《洛阳北魏画像石棺》，《考古》1980年第3期。

2. 佛教题材

佛教在魏晋南北朝时期已经非常兴盛，并影响到人们日常生活的方方面面。墓葬壁画当然也不例外。在河南魏晋南北朝墓葬中就出现了不少跟佛教有关的画面，如飞天、狮子、莲花等。

邓县彩色画像砖墓中就有飞天、伎乐天等形象。以《飞天图》（图2-102）为例，画面中间为一净瓶，瓶中插一朵奇异花，花瓣、花叶硕大，招摇垂曼。左右各有一飞天，衣袂飘拂，似在精心维护，又似在礼拜。

狮子也是佛教中常见的动物之一，它不仅是佛教法力的象征，也是佛和菩萨的代指。邓县彩色画像砖墓中的《狮子图》（图2-103）画像砖共有两块，每块上面两个狮子相对。狮子均为雄狮，大头阔嘴，鬃毛长而浓

图2-102　飞天图 邓县彩色画像砖墓出土 南朝
（采自河南省文化局文物工作队：《邓县彩色画像砖墓》，
文物出版社，1958年）

图2-103　狮子图 邓县彩色画像砖墓出土 南朝
（采自河南省文化局文物工作队：《邓县彩色画像砖墓》，
文物出版社，1958年）

密，采取半卧半立的姿态，后肢匍匐于地，一前肢支在地上，一前肢举起，利爪露出，似乎随时准备攻击。两狮子上方有花朵状的流云，下方有一"师（狮）"字榜题。

3. 祆教题材

如前所述，祆教在北魏中后期在北方地区上层贵族中间广为流行，这一点在墓葬壁画中也有体现。河南地区的墓葬壁画中的祆教元素主要出现在洛阳及其附近的贵族墓志盖上，例如前述苟景墓志盖、元谧墓志、北魏冯邕妻元氏墓志《祆教神祇图》（图2-104、图2-105）、尔朱袭墓志、元□墓志、侯刚墓志、元昭墓志等。上述墓志纹饰虽然不尽相同，但都刻绘了与传统形象不同的神怪，他们怪面、人身、鹰爪，肩臂燃烧火焰的奇形。面孔有的像狮或鹫，多数像大鼻深目、虬髯卷发的西域人。袒胸露腹，穿薄料短裤。

图2-104　祆教神祇图一 1926年河南洛阳 北魏
（采自施安昌：《北魏冯邕妻元氏墓志纹饰考》，《故宫博物院院刊》1997年第2期）

图2-105　祆教神祇图二 1926年河南洛阳 北魏
（采自施安昌：《北魏冯邕妻元氏墓志纹饰考》，《故宫博物院院刊》1997年第2期）

体魄粗壮彪悍,筋肉暴突,汗毛浓密。动作各不相同,有奔跑、腾跃、抓捕、飞翔、叱呼、追逐等等,变化奇诡。而且纹饰中有分布很密的火焰纹。苟景墓志刻绘了被火焰包围着的焚火祭坛。所以有专家认为这些墓志上的神怪都是袄教神祇,祭坛则是袄教拜火信仰的反映,表明是墓主人对袄教的信仰。①

4. 天象图

20世纪50年代以前河南省孟津县前海资村北魏元乂墓出土。现存于洛阳古墓博物馆。墓向北。《天象图》(图2-106)位于墓室顶部。所绘圆形天文图像,保存大部完好。图中间绘一道弯曲的银河,横贯南北。以朱线勾出银河的两道边缘,内绘淡蓝色波纹。银河东西两侧绘朱色星辰300余颗,有的星辰之间有连线,以表示星宿。据研究,大多星宿可以确认。这也是我国年代较早、幅面较大、星宿较多的天象图。

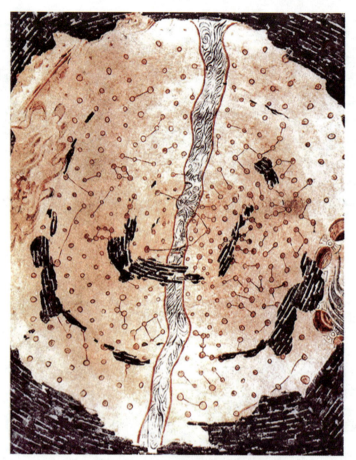

图 2-106 天象图 河南孟津县前海资村 北魏元乂墓 北魏(386—534年)
(采自徐光冀主编:《中国出土壁画全集》,科学出版社,2012年。)

---

① 参见施安昌先生系列论文,包括《北魏冯邕妻元氏墓志纹饰考》,《故宫博物院院刊》1997年第2期;《北魏苟景墓志及纹饰考》,《故宫博物院院刊》1998年第2期等。

第三节 丝绸之路对兴盛期墓室壁画的影响

自从西汉张骞"凿空"之旅后,丝绸之路正式开通。河南作为西汉王朝重要的经济和文化中心,很快就在丝绸之路中占据了重要地位。

在中国的丝绸等物品大量输往西域的同时,西域等国的商品也大量输入中国。如东汉质帝时大将军梁冀"遣客出塞,交通外国,广求异物……金玉珠玑,异方珍怪,充积藏室。远致汗血名马"。① 大肆罗致包括汗血宝马在内的西域异物。东汉灵帝则"好胡服、胡帐、胡床、胡坐、胡饭、胡空侯、胡笛、胡舞。"上有所好,下必甚焉,以至于"京都贵戚皆竞为之"。

这种举国上下尽好胡风的风气,对这一时期的墓葬壁画产生了深远的影响。

首先是石刻图像由于外来题材的增加而增添了新的内容。两汉时期动物纹题材和造型风格都有明显变化。从东汉时期开始,体型巨大的墓前圆雕石狮、石马、石辟邪等不断出现。山东嘉祥武氏祠的汉代石狮、四川雅安东汉高颐墓前的有翼石狮,具有强烈的安息艺术表现风格。尤其值得注意的是,河南南阳市北郊的宗资墓前的天禄和辟邪。据史料记载,它们的脊背从头到尾雕刻有圆珠形的椎骨,两边肋骨高高暴起,昂首挺胸,伸颈张口,针髭八分,目圆眸鼓,两翼欲展,臀部为卷曲的凤尾状。这种神态姿势,极富个性,既神武凶猛、又憨态温顺。②

除此之外,两汉墓葬壁画中还常见其他来自西域的形象母题,如狮子、象、骆驼等。尤其是骆驼,作为沙漠地区最有效的工具,在丝绸之路交通中发挥了巨大的作用。

值得一提的是,后世非常流行的忍冬纹样也是在两汉时期进入中国的。忍冬纹图案

---

① 《后汉书》卷34《梁冀传》。
② 孙照金:《南阳汉代雕塑天禄、辟邪的艺术特色》,《中原文物》2005年第4期。

源自古希腊罗马，大约在西汉中晚期时开始，中原地区开始使用这一纹样。洛阳卜千秋墓壁画中出现的忍冬纹样的云彩，是国内发现的最早的忍冬纹样。稍晚的东汉时期，在武威东汉墓、民丰东汉墓等出土的丝织品上都绣有忍冬纹样，说明东汉时期忍冬纹已经成为中原地区的流行纹饰。

而西域传入的乐曲和乐器，则大大丰富了中国的乐器和歌曲内容。外来乐器中的琵琶、箜篌、觱篥、胡笳、笛子等，都在两汉时期加入中国乐器行列，促使中国传统的歌舞曲调发生了巨大变化。如汉乐府中的《鼓吹曲》等，原都是西域乐曲，传入内地后成为一时之流行。其声雄健悲壮，曲调变化多端，与中原地区的传统乐曲各擅其长。不少西域舞蹈自两汉时期陆续传入内地，其中有相当部分一直流传到唐朝，墓葬壁画中很多表现乐舞的场景，其中的部分乐舞可能就是来自西域。

西域杂技是两汉时期内地贵族喜闻乐见的娱乐项目之一。在汉武帝时，传统的角抵戏已经发展成了内容繁多的"百戏"，包括走索、倒立、扛鼎、缘竿、弄丸、鱼龙变化、戏狮搏熊等，甚至能表演吞刀吐火、屠人截马等幻术。在两汉墓葬壁画中常见的走索、缘竿和倒立等形象，应当属于当时最为流行的杂技项目。

东汉时期，佛教也经由丝绸之路进入中原地区。东汉明帝遣使到大月氏求得佛像和佛经，并迎接中天竺沙门摄摩腾及竺法兰，又在洛阳建立了中国历史上最早的佛寺——白马寺，使得河南成为佛教东传中原的第一个落脚点，并作为佛教的祖庭名扬海内外。此后，来自西域各国如印度、大月氏、安息、康居等地的僧人陆续东顾，翻译佛经。

随着佛教传入，佛教美术也开始在中原地区出现，虽然迄今为止河南地区的墓葬壁画中尚未发现具有明显佛教美术特征的图像，但是本地区的佛教图像出现之早，则是有史料可以证明。《法苑珠林》卷十三记载："（明帝）乃遣画工图之数本，于南宫清凉台及高阳门显节寿陵上供养。又于白马寺壁画千乘万骑绕塔三匝之像，如诸传备载。"[①]

---

① 【唐】释世道撰，周叔迦、苏晋仁校注：《法苑珠林校注》，中华书局，2003年。

此外，在山东沂南画像石墓中出现的项光童子、内蒙古和林格尔汉墓壁画中出现的"猞猁""六齿白象"等形象，一般认为都跟佛教有密切关联。

魏晋南北朝是中国分裂动荡的时期，不过由于这时洛阳一直是全国的政治、经济、文化中心，所以丝绸之路河南段依旧保持着往日的繁荣景象。

史书中记载了当时经由丝绸之路往来洛阳的"胡商"盛况，"又常日西域杂胡欲来贡献……欲诣洛者，为封过所，欲从郡还者，官为平取，辄以府见物与共交市，使吏民护送道路，由是民夷翕然称其德惠。"① 曹魏政权委派的敦煌太守仓慈，不仅要有效实行对所辖区域的行政管理，还需要为往来丝绸之路上的胡商提供保护，确保西域和洛阳之间的贸易交通的畅通，可见这一时期中原王朝对于丝绸之路也十分重视。

十六国期间，由于北方地区连年战乱，生灵涂炭，胡商数量大减。但是仍然有来自西域、印度等地的佛教僧侣陆续东行，弘扬佛法。北魏初步统一北方后，社会生产得到恢复，尤其是北魏迁都洛阳之后，西域胡商不仅重新恢复了在中原地区的活动，而且人数比以前有了巨大的增加。史书称，在当时的洛阳"伊、洛之间，夹御道有四夷馆。道东有四馆……道西有四里……自葱岭以西，至于大秦，百国千城，莫不欢附，商胡贩客，日奔塞下，所谓尽天地之区已。乐中国土风，因而宅者，不可胜数。"② 洛阳在很短的时间里恢复生机，与西域的交通往来更加兴盛。

北魏重佛法，西域前来洛阳弘法传经的僧人络绎不绝。"时佛法经像，盛于洛阳，异国沙门，咸来辐辏，负锡持经，适兹乐土。"③ 这些西域僧人不仅来中国传教弘法，而且还亲自在洛阳设寺传法。

除了佛教，这一时期传入中原地区的还有源自波斯的祆教，祆教传入中国后曾受到北魏、北齐、北周、南梁等统治阶级的支持。北魏的灵太后率领宫廷大臣及眷属几百人

---

① 《三国志》卷16《仓慈传》。
② 《魏书》卷90《西域列传》。
③ 《洛阳伽蓝记》卷3《城西》。

奉祀火天神。北齐后主"躬自鼓儛，以事胡天"。因此，在邺城出现了很多奉祀火祆的神庙，一时蔚成风气。北周的皇帝也曾亲自"拜胡天""从事夷俗"。从北魏开始，北齐、北周相继在鸿胪寺中设置火祆教的祀官，极一时之盛。而且祆教的诸多神祇形象及祆教祭祀的情况，也在本地区墓葬壁画中有不同程度的表现。

第三章　繁荣期的墓室壁画

隋唐五代宋辽金夏元，是丝绸之路的繁荣期。

本阶段河南地区共有遗存壁画墓 72 座，其中隋唐 1 座、唐代 8 座、五代 2 座、宋 49 座、金代 11 座、元代 1 座。这 72 座壁画墓中，单室墓 64 座、双室墓 4 座、多室墓 4 座。丝绸之路的繁荣期的彩绘壁画墓有 66 座、画像砖墓 6 座。

繁荣期的墓室壁画依然发现不少，基本是以彩绘壁画墓为主，前一阶段比较流行的画像石墓和画像砖墓在这一时期均极少见。这 72 座壁画墓有 49 座为宋代遗存，以洛阳地区居多，表明该地区是河南宋代墓室壁画的集中区域。目前河南省在国力强盛、文化艺术繁荣的唐代仅发现 8 座壁画墓，其中以洛阳关林 49、50 号唐墓的形制大、壁画规格高、时代特征明显而最具代表性，为我们研究唐代壁画提供了宝贵的实物资料①。

第一节　隋代墓室壁画

一、遗存梳理

河南地区隋代壁画墓只有一座，为安阳市置度村八号隋墓。

二、形制类型

（一）墓室形制类型

安阳市置度村八号隋墓（图 3-1）系带长斜坡墓道的单室砖墓。② 平面呈"甲"字

---

① 洛阳市第二文物工作队：《唐安国相王孺人唐氏、崔氏墓发掘简报》，《中原文物》2005 年第 6 期。
② 安阳市文物考古研究所：《河南安阳市置度村八号隋墓发掘简报》，《考古》2010 年第 4 期。

形，由墓道、甬道和墓室等部分组成，全长 11.14 米。墓道位于南端，平面呈长方形，墓道台阶共分三级。甬道位于墓道北面，为过洞式，墓门用单砖斜砌封堵，为圆券顶，上有砖砌仿木斗栱，已严重变形。斗栱上原有红色和白色的彩绘图案，大部分已脱落。墓室位于甬道北面，砖室略呈弧边方形，墓顶为四角攒尖式，用顺砖叠涩砌筑。四壁原有彩绘壁画。

（二）墓室壁画形制类型

安阳市置度村八号隋墓系彩绘壁画墓。墓室四壁原有彩绘壁画，由于长时间被水浸泡已几乎全部脱落；在东南角保留有一小片人物图像，北壁隐约可见人物图案，西壁尚可见到一个车轮的形状，东壁也可辨认出两个站立人物的图案。彩绘壁画是先在墓砖上涂抹厚约 2～3 厘米的黄泥，做成地障，再刷白灰，然后施画。

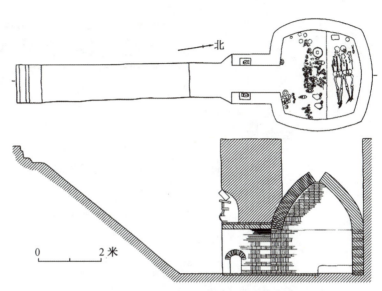

图 3-1 平、剖面图 河南安阳市置度村八号隋墓 隋代
（采自安阳市文物考古研究所，《河南安阳市置度村八号隋墓发掘简报》，《考古》2010 年第 4 期）

三、题材类型

河南省隋代时期的墓室壁画的题材内容因墓葬遗存只有 1 座，且墓室内遗存壁画保存并不完整，所以无法判断为何种题材类型。只能从残留的壁画看出为人物画。

第二节 唐代的墓室壁画

一、遗存梳理

河南地区已发现唐代壁画墓 8 座，均为单室墓，且均为彩绘壁画墓，其中洛阳地区现已发掘的唐代彩绘壁画墓 5 座，安阳地区现发掘的唐代彩绘壁画墓 1 座，三门峡地区现已发掘唐代彩绘壁画墓 1 座。

这 8 座壁画墓中，属于唐代早中期的有 4 座，包括洛阳唐安国相王孺人唐氏墓、唐安国相王孺人崔氏墓[1]、唐睿宗贵妃豆卢氏墓[2]、陕县姚懿墓[3]等，属于唐代中时期的有 3 座，包括唐徐府君墓[4]、赵逸公墓[5]、安阳市北关唐墓[6]等。

二、形制类型

（一）墓室形制

如前所述，河南省分布的唐代壁画墓有 8 座，均为单室墓。其中唐安国相王孺人唐氏、崔氏墓，壁画保存比较完整，唐氏墓为单室砖室墓，由墓道、过洞、天井、壁龛、甬道、墓室组成，长 35.1 米。值得一提的是陕县姚懿墓，该墓葬虽然也是单室墓，由

---

[1] 洛阳市第二文物工作队：《唐安国相王孺人唐氏、崔氏墓发掘简报》，《中原文物》2005 年第 6 期。
[2] 洛阳市文物工作队：《唐睿宗贵妃豆卢氏墓发掘简报》，《文物》1995 年第 8 期。
[3] 河南省文物研究所：《陕县唐代姚懿墓发掘报告》，《华夏考古》1987 年第 1 期。
[4] 樊温泉：《正韩故城新郑市二中唐墓》，《江汉考古》2005 年第 3 期。
[5] 张道森、吴伟强：《安阳唐代墓室壁画初探》，《美术研究》2001 年第 2 期。
[6] 安阳市文物考古研究所：《河南安阳市北关唐代壁画墓发掘简报》，《考古》2013 年第 1 期。

墓道、甬道和墓室组成，但是墓室东西两边各带一个规格较大的耳室，这在唐代墓葬形制中较为特殊。

唐前期，天井、壁龛都是墓主身份象征。唐氏墓有3天井4壁龛，崔氏墓有5天井4壁龛，总长都超过30米，在这时期应是三品以上官员和贵族享受的待遇。唐氏家族显赫，据《两唐书》载，其叔父尚豫章公主，与李唐集团存在联姻关系。清河崔氏更是魏晋以来的士家大族，直到唐前期仍然是关东豪族的代表。由此可见她们享受高规格的葬制，与她们家族的显赫和与李唐贵族集团联姻相一致的。两墓形制较大，壁画规格高，时代特征明显①。

河南安阳市北关唐代壁画墓（图3-2）也是河南地区遗存的唐代壁画墓，墓葬保存比较完好，壁画保存比较完整。该墓葬由墓道、天井、甬道和墓室四部分组成。从墓志所记家世来看，墓主阶层的身份应属中层贵族②。

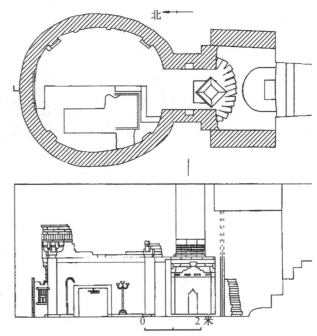

图3-2　平、剖面图　河南安阳市北关唐代壁画墓　隋代
（采自安阳市文物考古研究所：《河南安阳市北关唐代壁画墓发掘简报》，《考古》2013年第1期）

（二）壁画形制

河南省分布的8座唐代壁画墓中，全部为彩绘壁画墓。

---

① 洛阳市第二文物工作队：《唐安国相王孺人唐氏、崔氏墓发掘简报》，《中原文物》2005年第6期。
② 安阳市文物考古研究所：《河南安阳市北关唐代壁画墓发掘简报》，《考古》2013年第1期。

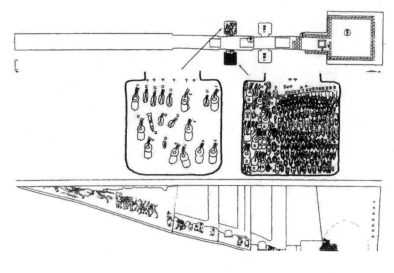

图 3-3 平、剖面图 唐安国相王孺人唐氏墓 唐代

（采自 安阳市文物考古研究所，《唐安国相王孺人唐氏、崔氏墓发掘简报》，《考古》2010 年第 4 期）

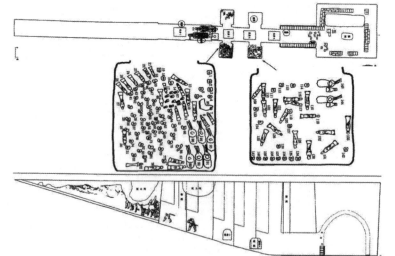

图 3-4 平、剖面图 唐安国相王孺人崔氏墓 唐代

（采自 安阳市文物考古研究所，《唐安国相王孺人唐氏、崔氏墓发掘简报》，《考古》2010 年第 4 期）

第三章 繁荣期的墓室壁画

唐安国相王孺人唐氏、崔氏墓（图3-3、图3-4），遗存壁画面积约100平方米，也是遗存墓葬中墓主身份最高的一座墓①。安阳市北关发现的砖室壁画墓，时代为唐晚期。这座唐代晚期壁画墓虽然被盗严重，随葬品荡然无存，但墓中保存了大量精美的壁画，这为我们研究唐代晚期官僚阶层的墓葬形制以及当时的绘画艺术提供了宝贵资料②。

三、题材类型

根据河南省唐代遗存墓室壁画墓的题材内容来看，主要涉及社会生活的题材。这些题材内容大致可分为四个大类：其一，反映现实社会生活生产的内容，主要是墓主人生前经历和日常家居生活的图像；其二，表现古人宗教思想观念的内容；其三，丰富多变的装饰图案的内容；其四，建筑与家具等其他类型。

（一）现实生活类

描绘现实活动类的题材在河南省唐代墓室壁画中十分流行，内容以社会生产类活动为主。

日常生活相关的图像围绕着墓主人生前的活动而展开，主要有车马出行图、庖厨宴饮图、迎宾拜谒图、人物交谈图等。而河南遗存的唐代墓室壁画中主要以牵引图、侍女图和武士图为主。在遗存的8座唐代墓室壁画中3座墓室中有遗存牵引图和侍女图，其中2座有武士图。

1. 牵引图

唐安国相王孺人唐氏、崔氏墓两座墓中，唐氏墓中的《胡人牵骆驼图一》《胡人牵骆驼图二》（图3-5、图3-6）分布在墓道东西两壁，壁画内容基本相同。墓道东壁前绘

---

① 洛阳市第二文物工作队：《唐安国相王孺人唐氏、崔氏墓发掘简报》，《中原文物》2005年第6期。
② 安阳市文物考古研究所：《河南安阳市北关唐代壁画墓发掘简报》，《考古》2013年第1期。

中国丝绸之路上的墓室壁画

图 3-5 胡人牵骆驼图一 唐安国相王孺人唐氏墓 唐神龙二年（706 年）

（采自徐光冀主编：《中国出土壁画全集》，科学出版社，2012 年）

一人，因墓道上部破坏较多，仅存膝部以下，着装不明，似为长袍，脚穿布鞋。其后绘青龙，剥落严重，龙身长 5.4 米，昂首吐舌，四足腾空，身下祥云弥漫，一飞鸟翱翔云中。龙后为人牵马、骆驼图。第一人头裹幞头，口涂朱，浓眉，大眼圆睁，身穿橙色交领窄袖短袍，腰束带，脚穿深灰色长筒靴，左手握拳斜举指向龙尾，拳心向上，右手挽马缰，马头曲颈向外，鬃毛下垂，鞍辔齐备，马鞍橙黄色，前蹄交错，若行进之状。第二人立于第二匹马首右侧，头裹幞头，口涂朱，目光下视，面部圆润，身穿圆领半袖束腰短袍，足穿深灰长靴，右肩隐于马身一侧，左手裸袖握拳，右手挽缰，五花马侧身站立，橙黄色鞍辔齐备，卷尾。马后为一胡人牵骆驼，胡人身材矮小，头裹笼帽，络腮胡，浓眉高鼻朱唇，身穿翻领长袍，腰束带，脚穿黑鞋，左手蜷缩身侧，右手置于胸部，身后骆驼头部漫漶不清，橙黄色毛发，双峰，带鞍，鞍橙黄色，行走状。北端为一门吏，头裹幞头，面部漫漶不清，胡须上翘，身穿圆领桃红色宽袖长袍，有下襕，腰束带，腰部左佩剑袋，右佩虎、豹尾饰，足穿深灰长筒靴，左手伸掌置于腰侧，右手贴右胸，上身微微前倾，似为迎人之状。墓道西壁壁画大致与东壁对称①。

---

① 洛阳市第二文物工作队：《唐安国相王孺人唐氏、崔氏墓发掘简报》，《中原文物》2005 年第 6 期。

 第三章 繁荣期的墓室壁画

图 3-6 胡人牵骆驼图二 唐安国相王孺人唐氏墓 唐神龙二年（706年）
（采自徐光冀主编：《中国出土壁画全集5》，科学出版社，2012年）

图 3-7 牵马图 洛阳新区翠云路唐安国相王孺人崔氏墓出土 唐神龙二年（706年）
（采自徐光冀主编：《中国出土壁画全集5》，科学出版社，2012年）

中部卷·河南分卷

唐安国相孺人崔氏墓中也有《牵马图》(图 3-7) 也在墓道中，只是保存比较差。

唐睿宗贵妃豆卢氏墓中的《牵引图》分布在后甬道，后一组画面5人，前面一侍女，头束双髻，穿红色圆领长袍，腰束黑带，双手于胸前捧一包裹。居中有一匹红褐色马，马上坐着红裙的妇女，头部残。马前有一牵马男侍，身穿长袍，腰束黑带，脚穿黑

色长靴，左手持组绳。马后2人，其中一人穿大红长袍①。

2. 侍女图

唐代侍女图和男仆图在河南遗存的壁画墓中占有相当的分量，且保存较完整。

如河南安阳市北关唐代壁画墓中的《侍女图一》（图3-8），位于甬道东壁。画面在中间下部被壁龛分隔开，右侧一中年妇人呈站立状，面向南方，头梳环形圆髻，体态丰满，着花色罗襦，肩搭红色霞帔，双手合前托一条浅黄色绶带。左侧有两名侍女，均头插两束鲜花，面庞浑圆，脸颊上画有红色线条，双手合笼于袖中做施礼状②。

安阳市果品公司家属楼基建工地唐墓壁画中也有《侍女图二》（图3-9），位于墓室甬道东壁。中间为一尖壁龛，南边绘一仕女，头梳高髻，内穿衫襦，外着白底红团花宽袖拖地长裙，双手拱于胸前，作迎候状。壁龛北边绘有两名侍女，靠近壁龛者身穿褐红色白团花右衽宽袖襦，腰束黄带，足着尖头履。另一人身穿白色团领宽袖袍，腰束红带，足着尖头履。两人脸庞丰满，面颊绘有两条柳叶红，梳双鬟，鬟上插花，双手抱于胸前作拱立状。

图3-8 侍女图一 河南安阳北关唐墓唐（618—907年）。
（采自徐光冀主编：《中国出土壁画全集5》，科学出版社，2012年）

---

① 洛阳市文物工作队：《唐睿宗贵妃豆卢氏墓发掘简报》，《文物》1995年第8期。
② 安阳市文物考古研究所：《河南安阳市北关唐代壁画墓发掘简报》，《考古》2013年第1期。

第三章 繁荣期的墓室壁画

图3-9 侍女图二 河南安阳果品公司家属楼基建工地唐墓 唐（618—907年）。
（采自徐光冀主编：《中国出土壁画全集5》，科学出版社，2012年）

图3-10 男仆图 河南安阳果品公司家属楼基建工地唐墓 唐（618—907年）
（采自徐光冀主编：《中国出土壁画全集5》，科学出版社，2012年）

3. 男仆图

如河南省安阳果品公司家属楼基建工地唐墓出土的《男仆图》（图3-10），画面在中间被壁龛分开，壁龛左右各有一男仆。左侧男仆屈腿站立，身穿莲花图案的圆领长袍，腰系黑带，下着白裤，脚蹬黑色长靴，双手合前行手礼，手托一根黑色木杵。右侧一男童仆作蹲踞状，头扎环耳小辫，身穿白色圆领窄袖上衣，腰系黑带，着白裤子，双手合前行叉手礼。

（二）宗教类

河南唐代时期墓室壁画中出现的有关宗教思想类的图像只出现在 1 座墓葬中，为佛教"宝相花"。

宝相花图位于陕县唐代姚懿墓中。墓室顶部和四壁原用白灰泥抹，并绘有彩画，现已全部脱落。从脱落下来的灰皮上观察，画的是唐代常见的"宝相花"，这些绘画构图简洁，色彩淡雅，一般先用墨笔勾出花叶轮廓，然后在重点部位填以淡色。叶子填以石绿，颈部多用褐色，花瓣着石绿色。花的形体：上部为桃形花蕾，下部勾勒出 5 个枣核状花瓣。由于壁画脱落，其全貌和布局不可得知。

（三）其他题材

河南省唐代墓室壁画中除了保存相对完整的人物图和宗教图外，还有一座墓中保存相对比较完整的花鸟动植物图。

河南安阳市北关唐代壁画墓的墓室西壁绘有《花鸟图》（图 3-11），位于棺床正上方。前后分布有奇花、瑞草，山石上方则是两只飞翔的山雀和一只山鸡，在花丛上方还绘有彩蝶、蜜蜂。壁画中间为"花鸟大雁图"，画面上方边框已剥落，其他部分基本完整。宽 98 厘米、高 53 厘米。画面以三只大雁为主，大雁身后有一个黑底大瓷盆，

图 3-11　花鸟图 河南安阳果品公司家属楼基建工地唐墓 唐（618—907 年）

（采自徐光冀主编：《中国出土壁画全集 5》，科学出版社，2012 年）

第三章 繁荣期的墓室壁画

图 3-12 花鸟鹦鹉图 河南安阳果品公司家属楼基建工地唐墓 唐（618—907 年）
（采自徐光冀主编：《中国出土壁画全集 5》，科学出版社，2012 年）

中部卷·河南分卷

口沿呈花瓣状,并绘一周白色双连团花,盆腹用黄色勾绘芙蓉花瓣,盆内绘出水面及漂浮的花朵;盆后面绘有一丛芭蕉,左右两侧分布着山鸡、蜜蜂、山雀、彩蝶、飞虫等;整幅画面四周点缀奇花、瑞草。壁画右侧为《花鸟鹦鹉图》(图 3-12)。画面中间是一块太湖石,上面满布奇花、瑞草,右上方有一只蜜蜂,下方则绘有两只鹦鹉①。

如 2000 年河南省安阳市果品公司家属楼基建工地唐墓墓室西壁有一幅画《鸭戏图》(图 3-13),画面中间为一盆海棠花形

图 3-13　鸭戏图　河南安阳果品公司家属楼基建工地
唐墓 唐(618—907 年)
(采自徐光冀主编:《中国出土壁画全集 5》,科学出版社,2012 年)

水盆,外饰团花图案,内绘梅花,水盆旁地面上有三只鸭展翅欲飞,周围有蜜蜂、蝴蝶、雀鸟等自由飞翔②。

---

① 安阳市文物考古研究所:《河南安阳市北关唐代壁画墓发掘简报》,《考古》2013 年第 1 期。
② 徐光冀、汤池、秦大树、郑岩:《中国出土壁画全集》,科学出版社,2012 年。

第三节 五代墓室壁画

一、遗存梳理

河南地区五代壁画墓共有 2 座，分别为洛阳道北五路出土的五代壁画墓①、河南新郑后周恭帝柴宗训墓②，因为后者未见正式发掘报告，对其壁画内容难以做出具体分析。这两座墓葬分别位于豫西洛阳地区和豫中的新郑地区，洛阳道北五路五代墓为单室墓，新郑后周恭帝柴宗训墓形制不明。

二、形制类型

（一）墓室形制

洛阳道北五路五代墓属于单室墓。该墓为南北向，墓道向南。由墓道、甬道、墓室三部分组成，墓道为斜坡台阶式，长 13.8 米，墓道与甬道间用石块垒砌墓门；甬道长 1.76 米，宽 1.16 米，墓室为圆形穹隆顶。南北直径 4.9 米，东西直径 4.65 米，墓室的顶部坍塌。该墓室是仿木建筑结构，由门、窗、圆柱、斗拱组成，是仿照人们生前的日常家居生活的场景设计建造的。

（二）壁画形制

柴宗训墓内有壁画，但是形制及内容不明。洛阳道北五路五代墓中发现了大小不等的九组壁画画面，分别位于墓葬甬道和整个圆形墓室内壁。该壁画采用的是绘画与砖雕

---

① 侯秀敏、胡小宝：《洛阳道北五路出土的五代壁画墓》，《文武世界》2013 年第 1 期。
② 丘富科编：《中国文物旅游图册》，文物出版社，2003 年。

相结合的表现技法。该墓的壁画位于墓甬道东西两侧，墓室内是以壁画和砖雕相结合的形式进行装饰。壁画的构图特点鲜明，仆从的尺度与主人的尺度差别不大，好像站得远点，并利用柱子分隔空间，使画面均衡、和谐。壁画普遍采用勾线、平涂和晕染相结合的重彩画法，用线力度均匀，颜色大致可分为黑、石绿、朱砂、白色等，色调明快，形成了一种独特的画面效果。该墓葬壁画的画面横向疏密有致，通过松紧的韵律变化与纵向高低错落的层次变化，从而使得画面结构井然有序，并避免了构图的单调呆板。图中色彩丰富，以红色为主，兼有青、灰、紫、绿等各色。冷暖色调相互映衬，显现出人物肌肤的细嫩和衣料的华贵。衣纹线条近铁线描，圆润秀劲，富有力度和柔韧性，较准确地勾画出了人物的种种体态。①

三、题材类型

根据河南地区遗存的这座五代墓室壁画的内容来看，该墓的壁画题材内容主要是以现实生活类为主。表现的是贵族妇女的生活场景。

五代时期，人物画相当盛行，主要是继承前人的成就，新的突破较少。最引人注目的是，该墓葬发现了大小不等的九组壁画面，分别位于墓葬甬道和整个圆形墓室内壁。其中甬道两侧墙壁壁画上各有一对中年男子，手中各持细长的仪仗用具，初步判断应为文官仪仗。墓室内入口左侧，绘一侍卫作揖手状，紧接着的两幅壁画《人物、多枝灯图》（图 3-14）、《人物、桌椅图》（图 3-15）中分别绘制了多名女子。其中大都身着裙装，其中一幅画面中一女子发髻高高挽起，头簪一朵红牡丹花，手托官帽，似乎正在为即将出门的丈夫"递帽"送行。另一组画面更是气势宏大，场面热闹，一群盛装贵妇，头戴各式花簪，手执各种乐器、礼物，翩翩而行……在她们的前方桌子上摆有杯盏水注、盘子、石榴等，还有柜、榻、门窗等也风格各异，情趣迥然。这些壁画深刻表现出

---

① 侯秀敏、胡小宝：《洛阳道北五路出土的五代壁画墓》，《文武世界》2013 年第 1 期。

当时贵族家庭生活的奢华与享乐。从造型和服饰来看，她们的身份应分别是贵夫人和侍女。这些壁画虽深埋地底千余年，但图案中牡丹花依旧鲜红娇艳，花瓣清晰可见，人物刻画得神态自若、惟妙惟肖。实为不可多得的五代时期的历史文化瑰宝。该墓室壁画的内容真实生动地表现了贵族妇女们的生活场景，反映了当时达官贵族生活的内容与文化情趣：妇女们梳高髻、饰花钿、簪花饰钗。我们可从其服饰、化妆、发式及手中持物之不同，来区别其身份和地位。画面上的人物和其道具，在每个场景中都非常和谐地服从于统一的主题，绘画的对象尽管有近有远，有密有疏，有主有从，但她们出现在画面上，每个都与表达的主题有关。在群像人物中，人物的姿态动作和面部表情达到了整体上的和谐①。

图 3-14　人物、多枝灯图 洛阳道北五路出土的五代壁画墓 五代
（河南省洛阳市文物考古研究院：《洛阳道北五路出土的五代壁画墓》，《文物世界》2013 年第 1 期）

---

① 侯秀敏 胡小宝：《洛阳道北五路出土的五代壁画墓》，《文物世界》2013 年第 1 期。

图 3-15 人物、桌椅图 洛阳道北五路出土的五代壁画墓 五代
(侯秀敏、胡小宝:《洛阳道北五路出土的五代壁画墓》,《文物世界》2013 年第 1 期)

第四节 宋代墓室壁画

一、遗存梳理

河南地区共分布已发现宋代墓室壁画的分布 52 座,其中洛阳地区现已发现宋代壁画墓 12 座,砖雕壁画墓 3 座、壁画 9 座,其中单室 11 座、双室墓 1 座;郑州地区现已发掘的宋代壁画墓 7 座,砖雕壁画墓 2 座、壁画 5 座,且都为单室墓;安阳地区现已发

掘的宋代壁画墓6座，其中单室墓3座，另外3座壁画墓因破坏严重形制不详。登封地区现已发掘的宋代壁画墓5座，其中单室墓4座，另外1座墓葬因破坏严重形制不详；巩义地区现已发掘的宋代壁画墓3座，其中单室墓1座，多室墓2座；林州地区现已发掘的宋代壁画墓3座，壁画墓2座、砖雕壁画墓1座，其中单室墓2座，多室墓1座；许昌地区现已发掘的宋代壁画墓3座，其中单室墓2座，双室墓1座；新密地区现已发掘的宋代壁画墓3座，均为单室墓；三门峡地区现已发掘的宋代壁画墓3座，均为单室墓；荥阳现已发掘的宋代壁画墓2座，均为单室墓；焦作现已发掘的宋代壁画墓2座，1座为单室墓，1座为多室墓；邓州、济源、周口等地区现已发掘的壁画墓各1座，且均为单室墓。

这52座墓葬中，除1座无法断定其确切的时期外，其余49座壁画墓均为北宋时期，尚未发现有明确纪年的南宋时期的壁画墓。

二、形制类型

（一）墓室形制

在52座墓葬壁画中，除4座墓葬形制不详外，根据墓室构筑方式的不同，我们将其余46座墓葬的墓室形制分为单室墓、双室墓和多室墓三个大类。

1. 单室墓

在宋代，单室墓已经成为墓葬形制的主流，此种类型的宋代墓葬形制在河南共发现41座，可见河南地区和全国其他地方一样，也流行单室墓。洛阳是该墓葬形制分布最多的地区。

郑州二里岗宋墓①（图3-16）是河南地区遗存的北宋单室壁画墓中墓室面积最大的一座，为31.92平方米。该墓为带墓道的长方形砖室墓，墓顶上部用砖砌成木构建筑形

---

① 裴明相：《郑州二里岗宋墓发掘记》，《文物参考资料》1954年第6期。

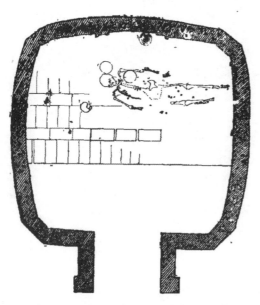

图 3-16 平面图 郑州二里岗宋墓 宋代
(采自裴明相:《郑州二里岗宋墓发掘记》,
《文物参考资料》1954 年第 6 期)

式,墓室南壁等处有壁画。

宋太宗元德李后陵(图 3-17)为该类型墓中墓主人地位比较高的一座单室墓,该墓遗存墓室面积 24.96 平方米。该墓葬的地面建筑早已坍塌。现存遗迹有陵台、石刻和部分阙台。从陵园四隅曲尺形夯土遗迹及四周门狮和南神门内宫人石雕的位置,大致可以复原出陵园的轮廓。该墓地宫系单室,砖砌。由墓道、甬道和墓室三部分组成①。

河南林县城关宋墓为该类型墓中壁画面积遗存较为完整且遗存壁画面积最大的一座墓,该墓为砖雕壁画墓,墓葬为仿木结构砖室墓,墓室平面近方形,顶为四角攒尖。东西长 2.56 米,南北宽 2.50 米,墓室高 3.88 米。后部砌有棺床,宽 1.37 米,高 0.42 米②。

2. 双室墓

双室墓和多室墓均是在横穴墓大量出现并流行的基础上逐渐演变而来。目前,河南地区宋代双室墓形制的墓葬仅 2 座,一座为河南省禹县白沙 1 号墓,分布在河南洛阳地区。该墓是砖雕壁画墓中保存较好、结构最复杂、内容最丰富的一座墓葬。宋代的砖室墓流行于北方,历史并不久远,是唐代、五代才发展起来的墓葬形式。

---

① 河南省文物研究所、巩县文物保管所:《宋太宗元德李后陵发掘报告》,《华夏考古》1988 年第 3 期。
② 张增午:《河南林州市北宋雕砖壁画墓清理报告》,《华夏考古》2010 年第 1 期。

 第三章　繁荣期的墓室壁画

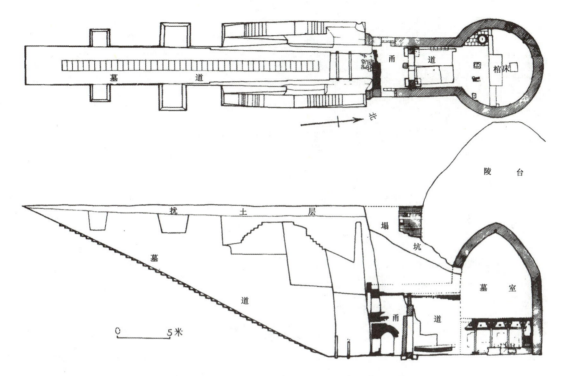

图 3-17　平、剖面图　宋太宗元德李后陵　北宋

（采自河南省文物研究所、巩县文物保管所：《宋太宗元德李后陵发掘报告》，《华夏考古》1988 年第 3 期）

河南新安宋村宋代壁画墓（图 3-18）是河南地区遗存的另外一座双室墓。新安宋村宋墓原分为斜坡墓道、甬道、墓室几部分，甬道旁出侧室。墓葬已搬迁至古代艺术馆内。新安宋村宋墓的仿木构形制较为复杂，反映了丰富的历史信息①。

---

① 徐怡涛、朱世伟：《新安宋村北宋砖雕壁画墓测绘简报》，《考古与文物》2015 年第 1 期。

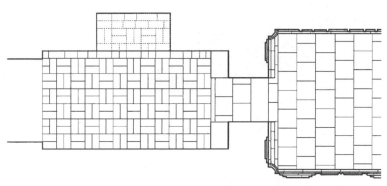

图 3-18 平面图 新安宋村北宋砖雕壁画墓 宋代
（采自徐怡涛、朱世伟：《新安宋村北宋砖雕壁画墓测绘简报》，《考古与文物》2015 年第 1 期）

3. 多室墓

多室墓是在双室墓的基础上演变而来，此种类型的墓室形制不多，共有 4 座，2 座分布在许昌地区，1 座分布在林州地区，1 座分布在焦作地区。

河南焦作白庄宋代壁画墓。该墓坐北朝南，由墓道、甬道、墓主室、后室和西侧室组成。焦作白庄宋代壁画墓的墓葬形制比较特殊，由主室、后室和西侧室组成，在仿木结构的宋墓中比较少见，与焦作沁苑小区宋墓的形制比较相似，其后室和西侧室与焦作沁苑小区宋墓的东侧室形制完全相同，应为同时代墓葬。铺作为五铺作，体形硕大，结构较为复杂，表现为宋代建筑风格①。

林县一中宋墓（图 3-19），由墓道、墓门、前室、后室及东西侧室组成，墓门南向。此墓三室平面呈八角形，墓顶高起，呈抛物线状，是宋代流行的墓室结构，墓中为影作仿木结构，壁画无砌出桌椅等物。此制与安阳天禧镇熙宁十年王用墓的做法相似②。

（二）壁画形制

河南省分布遗存的宋代壁画墓 52 座中，图像形制可以分为彩绘壁画墓与砖雕壁画墓。

---

① 焦作市文物工作队：《河南焦作白庄宋代壁画墓发掘简报》，《文博》2009 年 1 期。
② 林县文物管理所：《林县一中宋墓清理简报》，《中原文物》1990 年第 4 期。

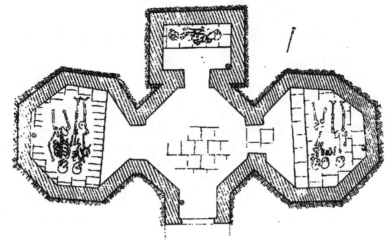

图 3-19　平面图 林县一中宋墓 北宋
（采自林县文物管理所：《林县一中宋墓清理简报》，《中原文物》1990 年第 4 期）

1. 彩绘壁画墓

在河南地区遗存的宋代墓室壁画中，河南巩县宋陵遗存的壁画面积是最大的，为 395.64 平方米。这也是河南地区发现的规格最高的墓室壁画。

河南林州市李家池宋代壁画墓，该墓墓葬的装饰艺术，从壁画的残破部分可以看出，原先在砖上抹一层草泥，上面又抹白灰泥，再于其上作画。雕砖部分则先刷一层白灰，再以彩色绘出图案。彩色画以墨线单勾为主，有的先平涂土红作底色，再以墨线勾勒。树木、人物则先用墨线勾勒，最后着土红、黄、蓝等色。绘画技法和风格不尽相同，各部分的描绘技巧，亦有高低粗细之分[①]。

河南登封黑山沟宋代壁画墓，该墓壁画遗存面积 21.12 平方米。该墓壁画保存较为

---

① 张堆生等：《河南林州市李家池宋代壁画墓清理简报》，《华夏考古》2010 年第 4 期。

完好，共有7幅，绘画内容主要是反映墓主人的日常生活场景。该墓因时代和墓主身份的不同，壁画风格有所差异。黑山沟宋墓为研究北宋末年民间绘画和市井风俗提供了珍贵资料①。

2. 砖雕壁画墓

郑州南关外北宋墓，该墓砖雕保存完好，且内容丰富。该墓全部用小砖砌成，墓室四壁皆镶嵌砖制浮雕。该墓东壁系用单砖砌成一个衣架。衣架北侧砌有一箱，箱上部中部浮雕有钥匙和锁。北壁中间砌有小门一个，门用两块平砖竖立，象征门为两扇。西壁壁中间略偏南处，有砖砌的侧面桌一张。南壁浮雕较少，且受到了破坏②。

洛阳邙山宋代壁画墓，除墓道耳室外，其余部分壁面均涂一层白灰，其上用墨线勾勒图形，内或填彩；墓室四壁均有壁画，除北壁外其余三壁均有砖雕。③

三、题材类型

根据河南省宋代遗存墓室壁画墓的题材内来看，主要涉及社会现实生活和历史题材。河南地区遗存的墓室壁画的题材大致可分为四个大类：其一，反映现实社会生活生产的内容，主要是墓主人生前经历和日常家居生活的图像；其二，表现古人宗教思想观念的内容；其三，丰富多变的装饰图案的内容；其四，建筑与家具等其他类型。

（一）现实生活类

以描绘现实社会活动类的题材，在河南省宋代墓室壁画中十分流行，以社会活动生产类为主。

日常生活相关的图像主要围绕着墓主人生前的活动而展开，有车马出行图、庖厨宴饮图、迎宾拜谒图、人物交谈图、备茶图等。

---

① 郑州市文物考古研究所、登封市文物局：《河南登封黑山沟宋代壁画墓》，《文物》2001年第10期。
② 河南省文化局文物工作队第一队：《郑州南关外北宋砖室墓》，《文物》1958年第5期。
③ 洛阳市第二文物工作队：《洛阳邙山宋代壁画墓》，《文物》1992年第12期。

1. 夫妇对坐图

比如，河南省禹州白沙出土的北宋赵大翁墓1号墓的《夫妇对坐图一》（图3-20），壁画的各个墙面各有分工，主人安排在主要位置，主人周围仆人围绕，乐工、杂役错落布置，整个墓葬成为墓主人在世生活的缩影。墓主夫妇两人袖手对坐椅子，足踏踏子，中间安桌。桌上放酒注和酒杯。后面一男仆捧唾盂，一女仆捧奁盒。桌下有风炉，炉上有酒瓶。男女主人尚在青年，体态微胖，神态安详。宿白先生根据宋罗晔《醉翁谈录》描写的情景，引用该书的"常开芳宴，表夫妻相爱耳"，定名为"开芳宴"，"开芳宴"这个说法后来为部分人接受①。

河南新安宋村宋代壁画墓，墓室西壁以一桌二椅、夫妻对坐为核心内容。壁面正中砖雕一桌二椅，砌出侧面。椅前下端各设一脚床子。两椅之间一长桌，椅上分别坐一老妇与一老翁，老妇居南，老翁居北。桌上设一注子、温碗，两侧各有一盏②。

登封市黑山沟村北宋李守贵墓出土的《夫妇对坐图二》（图3-21）。该图位于墓葬西北壁。画面中上悬淡青色和赭色帐幔，幔下有一方桌，桌上摆茶盏两个，桌旁男女主

图3-20 夫妇对坐图一 河南禹州白沙北宋赵大翁墓 北宋元符二年（1099年）
（采自徐光冀主编：《中国出土壁画全集5》，科学出版社，2012年）

---

① 陆锡兴：《宋代壁画墓与〈白沙宋墓〉——纪念〈白沙宋墓〉出版五十年》，《南方文物》2008年第1期。
② 王书林等：《新安宋村北宋砖雕壁画墓测绘简报》，《考古与文物》2015年第1期。

图 3-21 夫妇对坐图二 河南登封黑山沟村北宋李守贵墓 北宋绍圣四年（1097 年）
（采自徐光冀主编：《中国出土壁画全集 5》，科学出版社，2012 年）

人对坐在靠背椅上。女主人头裹褐色额帕，插步摇，身穿褐色褙子，下着细纹褶裙。男主人袖手，头戴黑色无脚幞头，着淡黄色圆领窄袖袍，腰束带。二人背后立有两个插屏式小屏风。屏风后走出一侍女，手捧注子和注碗。①

新密下庄河宋代壁画墓中也有《夫妇对坐图三》（图 3-22），但与前两者不同的是，该画面中共有三人，分别为墓主人夫妇及其母亲。该对坐图位于墓葬西北壁，上垂黄色幔帐，帐前绘有三人，左侧为一老妇人，端坐于一张卷曲状的黄色靠背椅上，头发稀疏，反梳脑后成包髻，上插笄形饰物，身穿铁锈红交领宽袖襦裙，内束扎胸。老妇人面颊涂红，面向其左侧男子说话。男子头戴黑色短脚幞头，身穿白色图案领宽袖长袍，双手插于袖中，面容清瘦，双目幽深，看似中年男子，应为老妇人之子。男子亦端坐在黄色靠背椅上，张口与母亲说话，两人中间绘一年轻女子，应为儿媳。女子梳双垂髻，着粉红色交领宽袖襦裙，双手抄于袖中。面容丰腴，两颊绯红，神情专注，身后虽不见坐具，但从其姿势上可以判断，应该也是坐在靠背椅上。三人前置一桌，上面放着碗、筷、杯等物。②

---

① 郑州市文物考古研究所、登封市文物局：《河南登封黑山沟宋代壁画墓》，《文物》2001 年第 10 期。
② 郑州市文物考古研究所、新密市文物保管所：《新密下庄河宋代壁画墓》，《中原文物》1999 年第 4 期。

第三章 繁荣期的墓室壁画

图 3-22 夫妇对坐图三 河南新密下庄河村北宋壁画墓 北宋绍圣四年（1097 年）
（采自徐光冀主编：《中国出土壁画全集 5》，科学出版社，2012 年）

图 3-23 侍女庖厨图 河南温县宋墓出土 北宋
（采自徐光冀主编：《中国出土壁画全集 5》，科学出版社，2012 年）

中部卷·河南分卷

2. 庖厨宴饮图

两汉以来一直流行反映墓主人生活场景的庖厨宴饮图，在宋代依然流行，如温县宋墓中就有庖厨宴饮图。该墓右面一幅《侍女庖厨图》（图3-23），画面共有侍女五人，其中除一人身材低矮，穿短衣，发式简单，难辨性别之外，其他四人，皆曲眉丰颊，粉白黛绿，服饰华美，容貌秀媚，修短合度。这幅生活画面，表现人物的内心世界，刻画生动细腻，线条流畅和谐，为墓室中画像砖之佳作①。

图3-24　饮宴和庖厨图（摹本）河南林州李家池宋墓 北宋
（采自林州市文物管理所：《河南林州市李家池宋代壁画墓清理简报》，《华夏考古》2010年第4期）

河南林州市李家池宋代壁画墓中的《饮宴和庖厨图》（图3-24）位于北壁。画面上部墨绘悬幔、组绶，黄斜格帐饰，内绘红色四瓣菱形花朵。向上饰有14人组成的画面。右侧为"庖厨图"，五人面前饰一桌，上置二盘，内盛果类，似为备宴图。桌前右下方绘一形体较小的人，头戴黑色幞头，身穿黄色长衫，腰束带，面向左侧，身微向左前倾，双臂弯曲前伸，右手似执扇煽火，左手弯于胸，其前侧饰一方形火炉，炉上绘出火苗，炉口上置一执壶，已残②。

新密下河庄村宋墓中的《备宴图》（图3-25）。位于墓室东壁上绘淡黄色幔帐，帐下绘一长方桌。桌后绘一中年妇女，头梳坠马髻，身穿淡黄色交领窄袖襦，右手持刀切物，桌前立一侍女，梳红巾包髻，身穿淡黄色窄袖开衩长袍，腰束带，双手捧一方盘，

---

① 徐光冀、汤池、秦大树、郑岩：《中国出土壁画全集》，科学出版社，2012年。
② 林州市文物管理所：《河南林州市李家池宋代壁画墓清理简报》，《华夏考古》2010年第4期。

上置杯碗，躬身站立在一红衣妇人面前，此妇双手上举，揩拭鬓发，侧身前倾。桌右侧立一妇人，梳朝天髻，穿交领广袖袍，双手抄于袖中①。

3. 备茶图

饮茶习俗在两宋时期已经非常流行，不仅上层贵族以饮茶为时尚，普通百姓也以饮茶为乐。故而在墓葬中常见有备茶的场景。

如1999年河南省登封市黑山沟村北宋李守贵墓中的《备茶图》（图3-26），位于墓室西南壁。上绘赭色幔帐、绿色横帐、绿、赭色组绶。帐下一方桌，桌饰云状牙条。桌上摆放盛桃子的四果盘和叠置的盏托等。

图3-25 备宴图 新密下庄河宋代壁画墓 北宋（960—1127年）
（采自徐光冀主编：《中国出土壁画全集》，科学出版社，2012年）

桌左侧站立一妇人，头梳高髻，裹白色额帕，插步摇，戴耳环、手镯，外着褙子，内着抹胸，下着百褶裙，足着云头履，右手捧茶罐（茶入），左手持凤首茶匙向茶盏中添茶，表现点茶场景。桌后立一妇人，头梳包髻，戴白色额帕，外着褙子，

---

① 徐光冀、汤池、秦大树、郑岩：《中国出土壁画全集》，科学出版社，2012年。

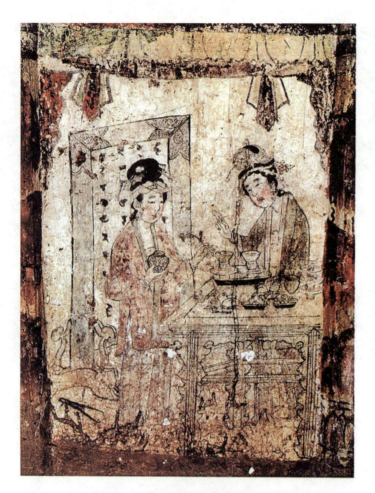

图 3-26 备茶图 河南登封黑山沟村北宋
李守贵墓 北宋绍圣四年（1097年）
（采自徐光冀主编：《中国出土壁画全集5》，
科学出版社，2012年）

下着百褶裙，面向桌左妇人抬手指。侧妇人身后置一屏风，屏风左侧地上置一火钳。

荥阳槐西村宋墓中绘有一幅《奉茶图》（图3-27）。该图位于墓室北壁下部右侧，画面上绘两名侍女，均头梳高髻，髻上插簪，外穿红黑花纹交领褙子，一人下身穿淡黄色百褶长裙。另一人穿百褶碎花长裙。左边的侍女双手端着一件黄色渣斗，口部放置一小罐，应为冲茶用器，回首面向对面侍女。身下半蹲着一只黑色狸猫。右侧女子双手托一圆形盛器，似乎为盒子。

4. 伎乐图

河南省禹州市白河北宋赵大翁墓墓葬壁画中还有《伎乐图》（图3-28～图3-30），位于前室东壁。上部用砖砌成卷起的竹帘，着土黄色，帘下砖雕作悬幔，幔着绛色。幔下有女乐十一人。右侧五人分前后二排立，分别手持乐器，依次为大鼓、拍板、腰鼓、横笛和觱篥。左侧立五人，后排二人吹箫，前排三人分别吹笙、吹十二管排箫和弹琵琶。中间一女作男装，欠身扬袖作舞，为舞旋色。

第三章 繁荣期的墓室壁画

图 3-27 奉茶图 河南
荥阳槐西村宋墓 北宋
（采自徐光冀主编：《中国出土壁画全集 5》，
科学出版社，2012 年）

图 3-28 伎乐图一 河南禹州白沙北宋
赵大翁墓 北宋元符二年（1099 年）
（采自徐光冀主编：《中国出土壁画全集 5》，
科学出版社，2012 年）

中部卷·河南分卷

图 3-29　伎乐图二　河南禹州白沙北宋
赵大翁墓　北宋元符二年（1099年）
（采自徐光冀主编：《中国出土壁画全集5》，
科学出版社，2012年）

图 3-30　伎乐图三　河南禹州白沙北宋
赵大翁墓　北宋元符二年（1099年）
（采自徐光冀主编：《中国出土壁画全集5》，
科学出版社，2012年）

（二）历史人物类

河南省的宋代墓室壁画反映历史人物故事的主要是以孝行图为主，且出现较多。

1. 孝子故事图

孝子故事是封建伦理道德观念的反映，早在汉魏时期就已流传，历代有所添加或取舍，宋金时期更为广泛流行，而且趋于定型。

河南焦作白庄宋代壁画墓，孝子图均匀地彩绘于墓壁上方的拱眼壁内，拱眼壁以白灰粉涮作底，壁画用墨线勾勒出人物、动物、河流、树木、器物等的轮廓，并根据人物及其他不同的对象填以红、黄、黑等颜料。南壁、墓门上方栱眼壁绘：杨香扼虎救父图和丁兰刻木图；东南壁栱眼壁绘：蔡顺拾葚供亲图和曾参问母图；东北壁栱眼壁绘董永卖身葬父图和陆绩怀橘遗亲图；北壁栱眼壁绘郯子鹿乳奉亲图和舜孝感动天图；西北壁栱眼壁绘姜诗涌泉跃鲤图和黄庭坚涤亲溺器图；西南壁栱眼壁绘刘明达卖儿图和伯俞泣杖图。①

荥阳司村宋代壁画墓，墓室壁画《十九孝子图》（局部）（图3-31）。在距墓底1.6米高的六面墓壁上，用红色、黄色、赭色和黑色几种颜色绘制连续的壁画，出土时鲜艳清晰。壁画共分为十九组，每组上面均有墨书"××行孝"的榜题，知为十九行孝图。画面之间并无间隔，但看起来每组自成单位②。

图 3-31 十九孝子图（局部）荥阳司村宋代壁画墓 北宋
（采自郑州市博物馆：《荥阳司村宋代壁画墓发掘简报》，《中原文物》1982年第4期）

河南省登封市黑山沟村北宋李守贵墓出土的孝子图都位于墓室壁上方的栱眼内，共有8幅，分别为《曾参啮指痛心图》《王武子（妻）行孝图》（图3-32）《董永行孝图》（图3-33）《丁兰行孝图》（图3-34）《王祥卧冰求鲤图》《孟宗行孝图》（图3-35）《郭巨埋儿得金》等。

---

① 赵德才等：《河南焦作白庄宋代壁画墓发掘简报》，《文博》2009年第1期。
② 郑州市博物馆：《荥阳司村宋代壁画墓发掘简报》，《中原文物》1982年第4期。

图 3-32　王武子（妻）行孝图　河南登封黑山沟村北宋李守贵墓　北宋绍圣四年（1097年）
（采自徐光冀主编：《中国出土壁画全集5》，科学出版社，2012年）

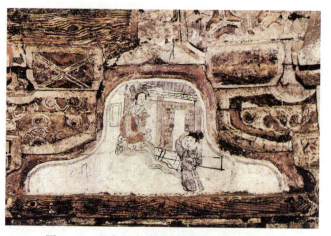

图 3-33　董永行孝图　河南登封黑山沟村北宋李守贵墓　北宋绍圣四年（1097年）
（采自徐光冀主编：《中国出土壁画全集5》，科学出版社，2012年）

图 3-34　丁兰行孝图　河南登封黑山沟村北宋李守贵墓　北宋绍圣四年（1097年）
（采自徐光冀主编：《中国出土壁画全集5》，科学出版社，2012年）

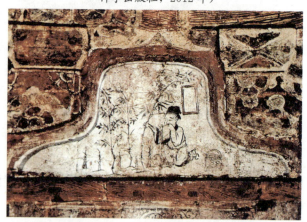

图 3-35　孟宗行孝图　河南登封黑山沟村北宋李守贵墓　北宋绍圣四年（1097年）
（采自徐光冀主编：《中国出土壁画全集5》，科学出版社，2012年）

(三) 宗教信仰类

这类题材主要有伏羲、女娲、西王母、东王公、羲和捧日、常羲捧月、辟邪逐疫、羽人戏兽、羽人升仙图等。

1. 升仙图

如河南省登封市高村墓出土的《升仙图》(图 3-36)，位于墓室东南壁，上绘黄色横帐，红色帐幔，垂黄色组绶。帐下用砖砌一耳室，从耳室中飘出一团五彩祥云，其上站立两人。左侧为男性，上身及头部已残，着红色窄袖袍，足蹬尖头鞋，袖手、右侧为一女性，头梳高髻，着蓝色窄袖褙子，下身束白裙，袖手。耳室两旁有侍女拱手而立，均梳双垂髻，髻上系红色带子，上身穿褙子，下着裙，脚上穿尖头鞋。画面表现的是夫妇双升仙的场景。

2. 持莲仙女图

1999年河南省登封市黑山沟村北宋李守贵墓出土。《持莲仙女图》(图 3-37) 位于墓室东北壁上部。两侍女立于云朵之上，均头梳双垂髻，着橙色交领广袖襦，手执莲枝。目向下视，寓意接引升仙①。

3. 持幡仙女图

1999年河南省登封市黑山沟村北宋李守贵墓出土的《持幡仙女图》(图 3-38)。

图 3-36 升仙图 河南登封高村墓 北宋（960—1127 年）

（采自徐光冀主编：《中国出土壁画全集 5》，科学出版社，2012 年）

---

① 徐光冀、汤池、秦大树、郑岩：《中国出土壁画全集 5》，科学出版社，2012 年。

图 3-37　持莲仙女图 河南登封黑山沟村北宋李守贵墓 北宋绍圣四年（1097 年）
（采自徐光冀主编：《中国出土壁画全集 5》，科学出版社，2012 年）

图 3-38　持幡仙女图 河南登封黑山沟村北宋李守贵墓 北宋
（采自徐光冀主编：《中国出土壁画全集 5》，科学出版社，2012 年）

位于墓室东南壁上部。两侍女立于云朵之上，均梳花髻，身着橙色交领广袖襦，双手持幡。表示接引升仙。

4. 仙人击钹图

1999 年河南省登封市黑山沟村北宋李守贵墓出土的《仙人击钹图》（图 3-39）位于墓室东壁上部。两道士立于云朵之上，头戴花冠，双手击钹。前一人着皂色交领广袖袍，回首探望。后一人着黄色交领广袖袍，腰束带。

5. 导引图

河南省登封市黑山沟村北宋李守贵墓南壁斗栱与垂花装饰之间有《导引图》（图 3-40）。南壁祥云上有拱桥一座，桥上立仙女二人，均手持招魂幡。前者回望后者。二女服饰一样，唯颜色不同。头梳蝶状高髻，着交领宽袖衫，下着长裙。

图 3-39　仙人击钹图 河南登封
黑山沟村北宋李守贵墓 北宋
（采自徐光冀主编：《中国出土壁画全集5》，
科学出版社，2012 年）

图 3-40　导引图 河南登封
黑山沟村北宋李守贵墓 北宋
（采自徐光冀主编：《中国出土壁画全集5》，
科学出版社，2012 年）

6. 四灵图

林县一中宋墓中绘有四灵图，该墓前室壁画，从上至下分作十二层，第三层用墨、赭、蓝、黄四色绘四灵图和几何图案。东壁绘一向南飞舞的青龙，嘘气腾云；背负一仙人，头束髻系巾。西壁饰一向南奔驰的白虎，也作腾云的姿态，背负一仙人，姿态与东壁相同，南壁为展翅欲飞的朱雀，背上乘坐一戴白团花冠的仙女，仙女身周围绘卷云。北壁绘一蛇缠龟的玄武，惜多漫漶，上绘一头戴白团花冠的仙人，有圆头光及身背光，身周围也饰以卷云纹。东北及西南两侧为斜方格，内绘牡丹花朵。东南与西北饰簇四球纹内绘莲花朵。①

---

① 林县文物管理所：《林县一中宋墓清理简报》，《中原文物》1990 年第 4 期。

7. 坐佛图

新密下庄河宋代壁画墓中有《坐佛图》(图3-41)，该墓北壁中部绘一佛，身穿黄色团领窄袖方袍，外披红色袈裟，结跏趺坐于束腰台座上，背有粉红佛光。东南壁上绘赭黄祥云，下三僧盘坐于粉红地毯上。右侧两僧身着铁锈红交领方袍，头微低，视前下方。左侧一僧，面向二僧而坐，头略扬起，身穿铁锈红方袍，领式不明①。

8. 礼佛图

《礼佛图》(图3-42)位于墓室北壁的拱眼壁。内绘一佛，结跏趺坐于须弥座上，后有很大的圆形背光。佛左侧站立一老僧，右侧绘二人，前一人跪地，戴黑巾，为供养人；后一人不明是跪是立，亦应为供养人。周围祥云环绕。

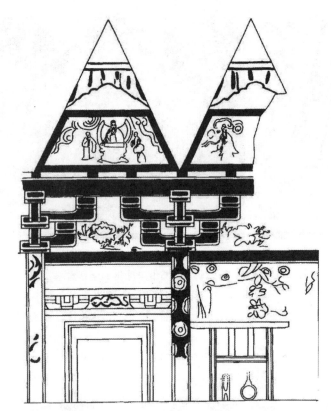

图3-41 坐佛图 新密下庄河宋代壁画墓 北宋（960—1127年）
（采自郑州市文物考古研究所，新密市文物保管所：《新密下庄河宋代壁画墓》，《中原文物》1999年第4期）

---

① 郑州市文物考古研究所、新密市文物保管所：《新密下庄河宋代壁画墓》，《中原文物》1999年第4期。

9. 僧人作法图

2008年河南省荥阳市槐西村宋墓出土。《僧人作法图》（图3-43）位于墓室西壁下部左侧，画面绘四位僧侣，左一僧人，内着赭黄色僧袍，外披淡黄色袈裟，双手托一朵莲花于胸前；左二僧人，内着赭黄色僧袍，外披红色袈裟，双手击钹；左三僧人，身披浅黄色袈裟，双手击钹；左四僧人，内着红色僧袍，身披赭黄色袈裟，双手击钹。

图3-42 礼佛图 新密下庄河宋代
壁画墓 北宋（960—1127年）
（采自徐光冀主编：《中国出土壁画全集5》，
科学出版社，2012年）

图3-43 僧人作法图 河南荥阳
槐西村宋墓 北宋（960—1127年）
（采自徐光冀主编：《中国出土壁画全集5》，
科学出版社，2012年）

10. 菩萨及供养人图

济源市东石露头村宋代壁画墓中绘有《菩萨及供养人图》，该画面位于东西两壁格子门至南壁墓门两侧，各绘一菩萨二供养女。墓门西侧至西壁格子门南绘一菩萨二供养女。左侧供养女持幡，头梳圆髻，上系月牙形饰物；外着宽袖白色左衽襦，袖及膝下，襈为蓝色，内着白色圆领衫，束抹胸；下穿大红裙，束白丝带，内穿白色曳地长裙,足穿红色云头履;双手持白边红幡,随风飘扬;该女体态丰润,樱桃小口涂红,两耳硕大,面部略施粉黛。右侧供养女,发髻束白丝带;上着白色宽袖襦,袖长及膝,白带束腰;下穿粉红色百褶裙,裙摆及地;足穿大红色云头履,双手持法器,目视前方①。

(四)装饰纹样类

河南省汉代墓室壁画的装饰纹样颇为丰富,大致有两类:几何装饰纹样和祥瑞装饰纹样。几何装饰纹样包括直线纹、三角纹、菱形纹、方格纹、连弧纹、斜条纹和水波纹等,这类装饰多在画面的边框,起着分割画面、美观装饰的作用。

1951年河南省禹州市白沙二号宋墓中就有相当数量的装饰纹样。该墓葬的装饰纹样位于墓室南壁。《墓门彩绘图》(图3-44)在券门入口处的两侧影作立颊、门额,皆衬以淡蓝、淡赭两色地,墨绘连续忍冬纹门额;下券门上画牡丹一朵,两侧饰飞翔的禽鸟各一,其间填以云朵②。

图3-44 墓门彩绘图 河南禹州白沙二号宋墓 北宋(960—1127年)
(采自徐光冀主编:《中国出土壁画全集》,科学出版社,2012年)

---

① 河南省文物考古研究所、济源市文物局:《济源市东石露头村宋代壁画墓》,《中原文物》2008年第2期。
② 徐光冀、汤池、秦大树、郑岩:《中国出土壁画全集》,科学出版社,2012年。

1. 彩绘装饰

新安宋村北宋砖雕壁画墓，该墓整个墓室以刷染为主，施"黄土刷饰"，色彩统一而素净，装饰简洁。除土黄作地外，墓室中目前可见的其他色彩装饰主要分布在铺作层上。墓室中斗的刷饰，多为刷土黄白缘道，也见有少量散斗斗身，有疑似用丹的痕迹，墓室四转角铺作泥道栱身以土黄为地，上以丹绘"卷成华叶"，昂、栱和耍头皆以朱为缘道，并以朱绘"X"形装饰于昂底、栱头及耍头正面。与转角铺作第二跳昂相交的素枋和与各铺作耍头相交的枋上部分绘有三角纹的连续装饰，现呈朱色，与上述朱色"X"形装饰形成呼应。扶壁部分的写生花雕砖则采用绿叶配红花的模式①。

2. 花卉装饰图

河南省陕县化纤厂宋墓，门颊的外缘及门框的里缘涂以白色，墓门的余部涂黑色。内室则在褐色泥底上刷白灰，然后彩绘。南壁墓门两侧用红色各饰花瓶一个，上各插三朵鲜花。花瓶造型均为喇叭口，细长颈，鼓腹，下收为小平底。东、西两壁的方格内绘有红色花饰②。

（五）文武吏图

1. 文吏图

1991年河南省新郑市陵上村后周恭帝柴宗训墓的《文吏图》（图3-45）。位于墓内甬道东侧，绘有文吏两人，皆恭顺侍立。南侧一人头戴黑色展角幞头，身穿红色圆领袍服，腰间系玉带，两手握于胸前行叉手礼，目呈侧视状；北侧文吏呈正视状，衣着姿态同上，仅袍服为白色。

---

① 徐怡涛、朱世伟：《新安宋村北宋砖雕壁画墓测绘简报》，《考古与文物》2015年第1期。
② 三门峡市文物工作队、陕县文物管理委员会：《河南省陕县化纤厂宋墓发掘简报》，《华夏考古》1993年第4期。

2. 武吏图

1991年河南省新郑市陵上村后周恭帝柴宗训墓的《武吏图》（图3-46）位于墓内甬道西侧。武士头戴黑色展角幞头，身穿红色圆领广袖袍服，下穿白色裤，脚着云头靴头稍倾斜，侧身侍立，手中横持一钺，为仪仗用具。

图3-45　文吏图 河南新郑陵上村后周恭帝柴宗训墓 北宋开宝元年（968年）
（采自徐光冀主编：《中国出土壁画全集5》，科学出版社，2012年）

图3-46　武吏图 河南新郑陵上村后周恭帝柴宗训墓 北宋开宝元年（968年）
（采自徐光冀主编：《中国出土壁画全集5》，科学出版社，2012年）

第五节　金代的墓室壁画

一、遗存梳理

河南地区发掘的金代彩绘壁画墓的分布共 13 座。其中焦作地区现已发掘的金代壁画墓 6 座，画像砖墓 1 座，均为单室墓；洛阳地区现已发掘的金代彩绘壁画墓 2 座，均为单室墓；郑州、荥阳、林州、三门峡等地现已发掘的金代彩绘壁画墓各 1 座，均为单室墓。

上述 13 座壁画墓中，属于金初期（1115—1160）的彩绘壁画墓 1 座；属于金中期（1162—1213）的彩绘壁画墓 6 座；另有 5 座壁画墓无法明确时代早晚，但均属金代墓葬。

二、形制类型

（一）墓室形制

根据墓室构筑方式的不同，除 1 座墓葬形制不详外，河南地区的其余 12 座金代墓葬的墓室形制均为单室墓。

12 座单室墓中，除 1 座壁画墓位于郑州外①，其余 11 座均集中出现在焦作、洛阳等地。值得一提的是，若从时间上看，这 12 座单室墓中有 8 座为金中期的遗存，表明单室墓应是金中期较为流行的墓室形制。这 12 座单室墓又可以分为仿木结构砖砌单室墓和砖券单室墓两种。

---

① 郑州市文物考古研究所：《郑州宋金壁画墓》，科学出版社，2005 年。

图3-47 平、剖面图 河南焦作金墓 金代
（采自河南省博物馆、焦作市博物馆：
《河南焦作金墓发掘简报》，《文物》1979年第8期）

仿木结构砖砌单室墓以焦作金代壁画墓2号墓与3号墓（图3-47）最为典型，这两座墓墓道有两节墓道，平面呈八角形，是两座仿木结构砖砌的单室墓。焦作电厂金墓是一座用小砖砌筑的八角形仿木结构彩绘雕砖单室墓。该墓由墓道、墓门、甬道、墓室四部分组成。洛阳金代壁画墓是该市首次发现有确切纪年的金代墓葬，这一墓葬为仿木结构砖砌单室墓。宜阳金代纪年壁画墓为仿木结构砖砌单室墓，由墓道、甬道、墓室组成。河南修武大位金代杂剧砖雕墓，该墓葬坐北面南，全用小砖砌成仿木结构，由墓道、墓门、甬道和墓室四部分构成。西冯封金墓由墓道、前室、甬道、后室组成，除墓道外，其他各部均为小砖砌仿木建筑结构。义马市金代砖雕墓，为一座小砖券砌的仿木结构纪年墓，由墓道、墓门、墓室三部分组成。

砖券单室墓有荥阳杜常村金代砖雕墓，该墓为砖券单室墓，坐北朝南，墓道结构不清。墓室呈八边形，穹窿顶，转角有斗拱。

（二）壁画形制

河南地区金代壁画墓的壁画形制可以分为彩绘壁画、画像石和画像砖三种。

1. 彩绘壁画

河南金代彩绘壁画墓共7座，主要分布在河南焦作地区。主要有焦作金代壁画墓2号、3号墓，洛阳金代壁画墓、宜阳金代纪年壁画墓、河南林县金墓、郑州宋金壁画

墓等。

2. 画像石墓

河南金代画像石墓共 1 座，该墓为河南焦作金代邹王墓，该墓画像石共 23 块，刻有散乐场面，墓主人生活图像以及孝行故事的画像共 15 幅①。

3. 画像砖墓

河南金代画像砖墓共 5 座。有义马市金代砖雕墓②、荥阳杜常村金代砖雕墓③、河南焦作金墓、河南修武大位金代杂剧砖雕墓④、焦作电厂金墓⑤等。

三、题材类型

以描绘现实社会生活生产类的题材，在河南省金代墓室壁画中十分流行。若细致来看，还可将其细分为日常生活、娱乐生活和宗教类三个方面。

（一）现实生活

河南金代墓室壁画日常生活相关的图像主要是围绕着墓主人生前的活动而展开，主要有对弈图、对饮图、温酒图等。

1. 庖厨图

河南林县金墓的墓门右侧为《庖厨图》。画面中共有八人，分成两排，前排三人围于一火盆前正在用酒注温酒，后排五人置身一方桌旁，桌上放置一盆，一人往盆中倒

---

① 河南省博物馆、焦作市博物馆：《河南焦作金墓发掘简报》，《文物》1979 年第 8 期。
② 三门峡市文物工作队、义马市文物管理委员会：《义马市金代砖雕墓发掘简报》，《华夏考古》1993 年第 4 期。
③ 郑州市文物考古研究所、荥阳市文物保护管理所：《荥阳杜常村金代砖雕墓》，《中原文物》2000 年第 6 期。
④ 焦作市文物工作队、修武县文物管理所：《焦作修武大位金代杂居砖雕墓》，《文物》1995 年第 2 期。
⑤ 焦作市文物工作队：《焦作电厂金墓发掘简报》，《中原文物》1990 年第 4 期。

水，一人双手作揉面状，另外三人在一旁准备帮忙。这是河南地区金代壁画墓中发现的唯一的庖厨图。

2. 宴饮图

河南林县金墓的后壁假门之上为墓主人宴饮图。该墓壁画题材可分三种：一种是反映以墓主人为中心的豪华的享乐生活，如宴饮图、散乐图、庖厨图、妇人启门等；第二种是反映封建社会忠、孝伦理的孝行图①。

3. 散乐图

散乐图是反映金代娱乐生活的一大流行题材，河南地区的金代壁画墓中大都有散乐图出现，只是场面大小、人数多少的区别。

河南焦作金代邹王墓，此墓的画像石共23块，刻有散乐场面、墓主人生活图像以及孝行故事的画像共15幅。《散乐图》画像石砌于墓室的西壁，是此时期最有价值的一幅同类图像。画面中共刻十一人②。河南林县金墓，该墓墓室门洞左侧也绘有七人作场的《散乐图》。

4. 伎乐图

荥阳杜常村金代砖雕墓，《伎乐图》（图3-48）砖雕共9块，内容分别为歌舞、吹奏、击鼓等③。

（二）历史人物故事类

河南省的汉代墓室壁画反映历史人物故事的题材不多，目前仅在2个墓葬中有发现，均为孝子的故事。

---

① 张增午：《河南林县金墓清理简报》，《华夏考古》1998年第2期。
② 河南省博物馆、焦作市博物馆：《河南焦作金墓发掘简报》，《文物》1979年第8期。
③ 郑州市文物考古研究所、荥阳市文物保护管理所：《荥阳杜常村金代砖雕墓》，《中原文物》2000年第6期。

行孝图

河南林县金墓有 24 幅行孝图。这种内容的墓室壁画在河南、山西宋金墓中多有发现，河南多出现在与山西接近的豫北和豫西一带。该墓壁画的绘画技法和风格不尽相同，各部分的描绘技巧，亦有高低粗细之分。其中尤以甬道内东西壁二武士的绘艺最为精湛，用笔为铁线描法，人物传神。壁画所饰其他人物则多以铁线描兼兰叶描法。画桌椅器皿，用笔粗直刚挺。画浮云则用飞舞、轻快的弧线。

邹王画像石墓，故事图 11 幅，每幅画面的面积较小，一般高 56 厘米、宽 20～50 厘米，均题上人物姓名。这些故事内容均与行孝相关。

（三）宗教信仰类

1. 祥瑞图

荥阳杜常村金代砖雕墓中有祥禽瑞兽图案砖雕 5 块，大小一致，壶门中分别饰天鹅、鹿、羊、海马、雁图案。天鹅口衔折枝菊花，两翼宽阔有力，作展翅高飞状①，

图 3-48　伎乐图　荥阳杜常村金代砖雕墓　金代
（采自郑州市文物考古研究所、荥阳市文物保护管理所：《荥阳杜常村金代砖雕墓》，《中原文物》2000 年第 6 期）

---

① 郑州市文物考古研究所、荥阳市文物保护管理所：《荥阳杜常村金代砖雕墓》，《中原文物》2000 年第 6 期。

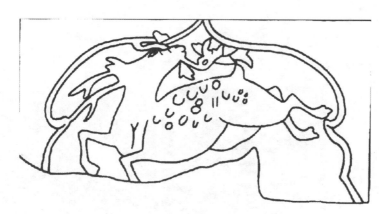

图 3-49 鹿图（摹本）荥阳杜常村金代砖雕墓 金代
（采自郑州市文物考古研究所、荥阳市文物保护管理所：
《荥阳杜常村金代砖雕墓》，《中原文物》2000 年第 6 期）

图 3-50 羊图 荥阳杜常村金代砖雕墓 金代
（采自郑州市文物考古研究所、荥阳市文物保护管理所：
《荥阳杜常村金代砖雕墓》，《中原文物》2000 年第 6 期）

如《鹿图（摹本）》（图 3-49）、《羊图》（图 3-50）、《马图》（图 3-51）。

2. 降妖图

焦作老万庄金代壁画墓二号墓，木棺右侧画《降妖图》（图 3-52），画面右上角是一座敞门书房。其左有一太湖石和几枝翠竹，右有一片梧桐树。房前有走廊，门前有花砖台阶，房角有明柱，房子周围有黄色柱子和粉蓝色边、淡褚石色的障水板等组成的栏杆。房内横竖置两案，竖案上放古琴，案角置三足蜡台；横案上放蓝色经卷和淡黄色长方形"文房四宝"盒。案前有一个少年，头裹皂色东坡巾，身穿粉蓝色衬衫，腰束棕色带，并系粉色彩带，足蹬皂靴，右臂前伸，手握一锟铻铁古剑，直指面前二"妖"。"妖"披头散发，红眼绿鼻，青面獠牙，赤臂露爪惊慌奔逃。下部青烟缭绕，妖雾腾腾①。

（四）装饰纹样类

花卉图案

荥阳杜常村金代砖雕墓共有《花卉装饰图》（图3-53～图3-57）图案砖雕6块。一块为梯形薄砖，上刻折枝牡丹，枝大叶肥，花蕊点点，刀法娴熟深峻。其余5块大小一样。壶门内分别刻菊花、荷花、牡丹图案。

① 刘建洲：《焦作金代壁画墓发掘简报》，《中原文物》1980年第12期。

图 3-51　马图 荥阳杜常村金代砖雕墓 金代
（采自郑州市文物考古研究所、荥阳市文物保护管理所：《荥阳杜常村金代砖雕墓》，《中原文物》2000年第6期）

图 3-52　降妖图 焦作金代壁画墓 金代
（采自河南省博物馆、焦作市博物馆：《焦作金代壁画墓发掘简报》，《中原文物》1980年12期）

图 3-53 花卉装饰图一 荥阳
杜常村金代砖雕墓 金代
（采自郑州市文物考古研究所、荥阳市
文物保护管理所：《荥阳杜常村金代砖雕墓》，
《中原文物》2000 年第 6 期）

图 3-54 花卉装饰图二 荥阳杜常村金代砖雕墓 金代
（采自郑州市文物考古研究所、荥阳市文物保护管理所：
《荥阳杜常村金代砖雕墓》，《中原文物》2000 年第 6 期）

图 3-55 花卉装饰图三 荥阳杜常村金代砖雕墓 金代
（采自郑州市文物考古研究所、荥阳市文物保护管理所：
《荥阳杜常村金代砖雕墓》，《中原文物》2000 年第 6 期）

图 3-56 花卉装饰图四 荥阳杜常村金代砖雕墓　金代
（采自 郑州市文物考古研究所、荥阳市文物保护管理所：《荥阳杜常村金代砖雕墓》，《中原文物》2000 年第 6 期）

图 3-57 花卉装饰图五 荥阳杜常村金代砖雕墓 金代
（采自郑州市文物考古研究所、荥阳市文物保护管理所：《荥阳杜常村金代砖雕墓》，《中原文物》2000 年第 6 期）

第六节　元代壁画墓

一、遗存梳理

河南地区遗存的元代壁画墓仅 2 座，分别为洛阳市伊川县元东村砖厂元墓（YM5）[①]和登封市王上村元墓[②]，两墓均系单室墓。

[①] 洛阳市第二文物工作队：《洛阳伊川元墓发掘简报》，《文物》1992 年第 5 期。
[②] 关于王上村壁画墓的年代有不同说法，原报告称其为"宋金时代"，但董新林根据墓葬壁画的屏风画形式、题材、人物服饰、器物组合等特点，认为该墓葬属于蒙元时代，根据该墓葬的形制与伊川元墓几乎完全相同这一特点，我们认为董新林的看法更可靠，故从董新林说，将其界定为元墓。参见：郑州市文物工作队：《登封王上壁画墓发掘简报》，《文物》1994 年第 10 期；董新林：《蒙元壁画墓的时代特征初探——兼论登封王上等壁画墓的年代》，《美术研究》2013 年第 4 期。

二、形制类型

（一）墓室形制

河南地区 2 座元代壁画墓均为单室墓，洛阳伊川元墓（YM5）（图 3-58）为长方形单室砖券墓，由墓道、墓门、墓室三部分组成，墓道在墓室南端，墓门呈拱形，用两层长方形小砖封堵，墓室为长方形砖券，拱顶。墓室四壁面均抹一层白灰，壁面光滑，上绘壁画。

登封王上村元墓（图 3-59）为砖砌八角形单室墓，由墓道、甬道和墓室组成，墓道为斜坡阶梯式，砖砌墓门，拱形顶，正面抹白灰泥，

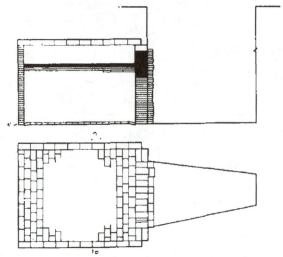 

图 3-58　平、剖面图 洛阳伊川元墓（YM5）元代
（采自洛阳市第二文物工作队：《洛阳伊川元墓发掘简报》，《文物》1992 年第 5 期）

其上墨绘花卉图案。单券顶甬道系用砖砌，壁面抹草泥和白灰，左右两侧绘彩。墓室平面八角形，离地面 1.4 米以上开始，壁面逐渐收分成穹隆顶，顶中心砌一块八角形平砖。

（二）壁画形制

洛阳伊川元东村砖厂元墓为彩绘壁画墓，墓室及顶部白灰面上均绘壁画。绘法为先用墨线勾勒轮廓，然后着色。色彩主要有红、黑、绿、褚石等。壁画部分脱落，漶漫不清，近底部损坏严重。

登封王上村元代壁画墓也是彩绘壁画，壁画主要分布于墓室和甬道侧壁及墓室顶部。南壁为墓门，其上部绘红褐色卷曲纹装饰图案。其余每壁各绘一幅画，壁间以红褐

色条带将画幅分开。

三、题材类型

河南地区遗存的元代壁画墓从内容上来看，可以分为以下几种题材：一、现实生活图；二、宗教类；三、装饰图。

（一）现实生活类

河南地区遗存的壁画墓中的现实生活图可以分为：夫妇对坐图、礼乐供奉图。

1. 夫妇对坐图

洛阳伊川元墓北壁山墙为墓主。《夫妇对坐图》（图3-60）。整幅画面为一大厅，厅内两柱，柱下绘淡青色帐幔，朱红幕额、组绶。帐幔之下为墓主夫妇对坐。男主人端坐右侧，短鬓长须，头戴白色宽沿圆帽，颈有珠饰，身穿黑色宽白缘右衽宽袖长袍，腰

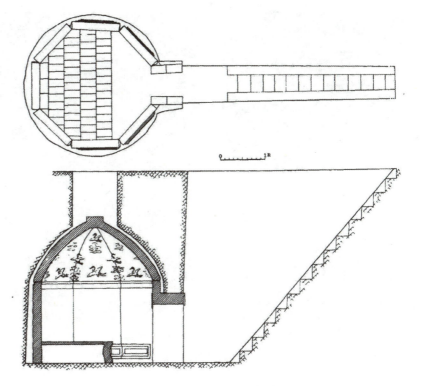

图 3-59　平、剖面图 登封王上村元墓 元代
（采自郑州市文物工作队：《登封王上壁画墓发掘简报》，
《文物》1994 年第 10 期）

系白色腰带，左手搁于椅扶手上，右手握带，脚穿络缝靴。女主人袖手端坐左侧，额有花饰，头戴黑巾，身穿淡青色左衽红袖衫，下着长裙，外罩直领半袖衫，脚穿黑靴。怀抱一板状物。二人皆坐在弧形高背椅上，椅前下端各设有脚踏，脚皆踏其上。

墓主夫妇身后为大幅中堂画，画左、右侧各一屏风，右屏前侧立一男侍，清眉秀

目,光头,身穿绿色右衽窄袖长袍,腰系带,穿黑靴,双手捧一黑色圆盒,另有二男侍微侧立于男主人左侧。左屏前侧立一女侍,童髻,身穿白色左衽窄袖短袄,下着长裙,双手捧一绛红色圆盒。另有二女侍微侧身立于女主人右侧①。

2. 礼乐供奉图

伊川元墓的东、西壁均为《礼乐供奉图》(图3-61)。每壁六人,均四男二女,分两组。大多面北侧立。东壁有黑色宽边框,下部已脱落。一组在北部,男乐伎四人。均头戴幞头,足穿黑靴。分别用细腰鼓、横笛、节板、圆腰鼓演奏,南部一组女侍二人,均长

图3-60 夫妇对坐图 洛阳伊川元墓 元代
(采自洛阳市第二文物工作队:《洛阳伊川元墓发掘简报》,《文物》1992年第5期)

眉细目丰颐,双手捧物。

西壁壁画漫漶不清。北部一组男乐伎四人,均头戴黑色幞头,分别使用琵琶、笙、横笛、圆腰鼓等,正在演奏。南部一组女侍二人,均长眉细目丰颐,束高髻,一人持瓶,一人端盘。

---

① 洛阳市第二文物工作队:《洛阳伊川元墓发掘简报》,《文物》1992年第5期。

图 3-61 礼乐供奉图 洛阳伊川元墓 元代
（采自洛阳市第二文物工作队：《洛阳伊川元墓发掘简报》，《文物》1992 年第 5 期）

（二）宗教信仰类

1993 年河南省登封市王上村元墓出土，墓室东壁绘有《论道图》（图 3-62），西壁绘有《升仙图》（图 3-63）。东壁的《论道图》，远绘高山飞瀑、水雾卷云，近绘树木巨石、山间小路。一白衣人立于路间，头戴皂色软脚幞头，身着宽身左衽黑边白袍，腰束长带，足穿黑靴，右手牵一头仰角黄牛，左手双指前指。与其相对一黄衣人蹲坐大石上，头戴皂色幞头，身穿黑边黄袍，腰束黑带，左手置膝上，右手略抬，似与白衣人对语。

西壁的《升仙图》中，远绘青山、白云，近绘古树、山涧及两个人物。从衣饰上看似应和东壁绘的两个人物相同。左下方绘黄衣人，衣带随风飘起，拱手做相送姿态；白衣人足下踏一道云气，已飞升至半空中，神态安详，左手置胸前，右手拂袖，衣带微飘，回首下视黄衣人，情似道别。和东壁对照，两画似表现了论道和升仙的内容[①]。

---

① 徐光冀、汤池、秦大树、郑岩：《中国出土壁画全集》，科学出版社，2012 年。

图 3-62 论道图 河南登封王上村元墓 元（1026—1368 年）
（采自徐光冀主编：《中国出土壁画全集》，科学出版社，2012 年）

图 3-63 升仙图 河南登封王上村元墓 元（1026—1368 年）
（采自徐光冀主编：《中国出土壁画全集》，科学出版社，2012 年）

（三）装饰图像类

1. 花卉装饰图

洛阳伊川元墓中有花卉装饰图案，该花卉装饰图案位于墓室东西两壁及墓顶部。东西两壁系礼乐供奉图、伎乐分南北两组，在南组两位女乐伎的身后均为草枝花卉图案。墓顶正中绘圆形明镜高悬，内圈间绘卷云纹，两边各有牡丹 9 大朵，间绘小朵牡丹、祥云和展翅飞翔的仙鹤。牡丹点缀朱红,手为墨线①。

2. 梅石孔雀图

河南省登封市王上村元墓出土的《梅石孔雀图》(图3-64)。位于墓室北壁,画面上背景为白色,竹梅相拥,前有灵石一块,两孔雀信步石旁,悠然自得②。

3. 竹鹤图

1993年河南省登封市王上村元墓出土的《竹鹤图》(图3-65)位于墓室东北壁,画面上远处烟雾迷蒙,翠渚隐现;近处泓水,水势浩大;岸边竹叶扶疏,芦花摇坠;浅水中站立三鹤,皆丹顶、黑颈、白羽、黑尾。其中一鹤自理胸羽,神情怡然③。

图3-64 梅石孔雀图 河南登封王上村元墓 元(1026—1368年)
(采自徐光冀主编:《中国出土壁画全集5》,科学出版社,2012年)

---

① 洛阳市第二文物工作队:《洛阳伊川元墓发掘简报》,《文物》1992年第5期。
② 徐光冀、汤池、秦大树、郑岩:《中国出土壁画全集5》,科学出版社,2012年。
③ 徐光冀、汤池、秦大树、郑岩:《中国出土壁画全集5》,科学出版社,2012年。

图 3-65 竹鹤图 河南登封王上村元墓出土 元（1026—1368 年）
（采自徐光冀主编：《中国出土壁画全集 5》，科学出版社，2012 年）

第三章 繁荣期的墓室壁画

第七节 丝绸之路对繁荣期墓室壁画的影响

隋唐时期，国家实现了统一，经济也随之繁荣。隋唐两代皆脱胎于北朝关陇军事贵族，本身就带有浓重的胡风，其统治者对外域文化多持开放与容纳的态度，加之隋唐两代国力强盛，因此，这一时期中原王朝和西域的交往极为频繁，双方关系之密切，达到空前的程度。

隋唐两朝均实行两京制，建都于长安，洛阳为东都。不少来自西方的商人和使者汇聚于洛阳，使洛阳与长安并为中西交往的中心城市。

唐代国力强大，经济持续繁荣，前往洛阳的西域使者和商人数量很多。当时在长安、洛阳等地定居的中亚地区的"胡人"数量众多，《唐会要·封禅》载："麟德二年十月丁卯，帝发东都，赴东岳。从驾文武兵士，及仪仗法物，相继数百里。列营置幕，弥亘郊原。突厥、于阗、波斯、天竺国、罽宾、乌苌、昆仑、倭国及新罗、百济、高丽等诸蕃酋长，各率其属扈从。"这段史料记录了多个西域地区国家，不仅有来自本国的使节，还有管理在唐王朝本国人的首领，当然也有数量众多的商人。

值得一提的是粟特商人。据史料记载："代宗之世，九姓胡（即粟特人）常冒回纥之名杂居京师。"这些粟特商人不仅将大批丝绢等中国产品运销到中亚地区，也将中亚地区的珊瑚、翡翠、象牙、琥珀、琉璃器、香料等运往中原。河南地区这一时期的墓葬壁画中，有不少骆驼的形象，这正是丝路繁荣的形象表达。

隋唐时期，中亚地区佛教兴盛，有不少佛教僧侣移居中国，较为著名的僧人有法藏、僧伽、神会等。其中释法藏是康国人，僧伽是何国人、释神会是石国人，均来自中亚地区，长期在中国境内传播佛教。

除了佛教之外，这一时期还有祆教、景教和摩尼教也持续东来。祆教的信奉者主要

是粟特商人，而且早在魏晋南北朝时期就已经有祆教在华夏大地上传播，到隋唐时期，规模进一步扩大。"安史之乱"后，由于安禄山、史思明等胡人发动叛乱给两京地区造成巨大社会创伤，景教和祆教也随之遭到唐王朝的打击，逐渐衰落。虽然这一时期的墓葬壁画中没有出现明显的景教和祆教神祇，但是一些源自这些宗教的装饰性图案却仍然在墓葬壁画中流行。

这一时期对中国绘画艺术产生巨大影响的是经由丝绸之路传入中国的"凹凸"画法。"凹凸"画法产生于天竺和罗马，其特点是用阴影晕染来突出画面的立体感。早在南北朝时期，梁朝著名画家张僧繇就首先采用凹凸技法作画。经隋代画家展子虔、唐代画家尉迟乙僧等人的发扬光大，凹凸技法发展到其巅峰。这一时期的墓葬壁画中有不少佛教内容，可以从中窥见当时佛教绘画的兴盛。

隋唐之后，随着大运河的开通，开封成为南北交通要冲。北宋建国后，定都开封，开封也随之成为丝绸之路东段起点。

北宋时期，宋、辽、西夏等民族政权并立。西夏占据了丝绸之路上的主要通道，因此北宋与西域的交往一般都要先通过西夏转输。北宋运往西夏的商品以茶叶最多。宋朝茶叶运到西夏后，再转运到西域各地。与此同时，北宋也从西夏输入马匹等物资。

公元9至10世纪，伊斯兰教在葱岭东西传播开来，葱岭以东的于阗、叶尔羌和喀什都被迫改信伊斯兰教，归属哈拉汗。这样一来，在丝绸之路沿途就形成了东段属宋朝，中部属西夏、高昌，西部属哈拉汗的局面。这种分裂的局面并没有导致丝绸之路的断绝，相反，这一时期中原地区和西域的交往仍然十分频繁。宋朝建立之初，便有高昌回鹘使者到汴梁进贡方物，随后宋朝派王延德出使高昌，双方的贸易规模越来越大。

北宋时期，犹太人是活跃在丝绸之路上的重要商业群体，犹太人沿丝绸之路而来，在北宋时期定居于开封，对促进东西方贸易发展发挥了重要作用。此外，宋代以后，随着经济重心的进一步南移，南方成为中国经济文化发展最发达的地区，从中国沿海等地出发的海上航路也日益远播，从南洋、阿拉伯海，甚至远到非洲东海岸都有频繁的贸易

第三章 繁荣期的墓室壁画

往来，这些海上贸易往来的各条航线，就是著名的"海上丝绸之路"。作为都城，北宋开封亦为海上丝绸之路的起点，为海上丝绸之路的发展起到了重要作用。

12世纪蒙古游牧部落开始崛起，成吉思汗统一了蒙古草原，后经过成吉思汗、拨都及旭烈兀的三次西征，占据了欧亚大陆的广大地区。蒙古统治者借助军事上的胜利，将大批被征服者迁徙到东方。这些移民中有被俘的工匠、被遣发的百姓，还有为数甚多的经营商业的各族人士。蒙古的西征和东西交通的重新畅通，使得欧亚大陆很多国家借由丝绸之路发生了直接联系，民族之间的交往和融合，推动了东西方文化的交流、相互借鉴和吸收。

但是需要说明的是，这一时期丝绸之路上的贸易发展和文化互融，对中原地区的传统文化影响甚小，这是由于传统儒家思想借助先进生产力的助益，在这一时期已经在各地深深扎根。从本地区的墓葬壁画来看，基本上是传统的儒释道思想混合下的丧葬观念的反映。道教的升仙图，佛教的礼佛图和表现宋代理学思想和等级秩序的墓主人生活图、孝子图等成为这一时期墓葬壁画的主要内容。

第四章 衰退时期的墓室壁画

第四章 衰退时期的墓室壁画

明清两代是丝绸之路的衰退期。

本阶段河南地区共有遗存壁画墓5座，均为明代5座，且都是壁画墓。其中单室墓4座、双室墓1座，未见多室墓。

衰退期的墓室壁画在河南省分别分布在商丘、登封、荥阳、济源、新乡等地区。其中以荥阳二十里铺明代原武温穆王壁画墓①中的壁画保持较为完好，反映宗教内容的壁画较为丰富，这为研究明代思想史提供了珍贵的实物资料。

第一节 明代墓室壁画

河南地区遗存的明代壁画墓5座。其中单室墓4座、双室墓1座。

一、遗存梳理

河南地区发掘的明代墓室壁画的分布共5座，其中开封地区已发掘的明代画像砖墓2座，为杞县高高山明代张希义墓和张廷恩墓，均为单室墓②；新乡地区现已发掘的明代壁画墓1座，为获嘉县四十里铺明代壁画墓，系单室墓③；登封地区1座，为登封卢店明代壁画墓，系单室墓④；郑州地区1座，为荥阳二十里铺明代原武温穆王壁画墓，为单室墓⑤。

上述5座明代壁画墓中，属于明中期的墓室壁画3座，属于明后期的墓室壁画1座；另有1座壁画墓无法判断时代早晚。

---

① 郑州市博物馆：《荥阳二十里铺明代原武温穆王壁画墓》，《中原文物》1984年第4期。
② 赵世纲：《杞县高高山明墓清理简报》，《文物参考资料》1957年第8期。
③ 李慧萍：《获嘉明代线描壁画墓》，《中原文物》2009年第5期。
④ 郑州市文物考古研究所、登封市文物局：《登封卢店明代壁画墓》，《中原文物》1999年第4期。
⑤ 郑州市博物馆：《荥阳二十里铺明代原武温穆王壁画墓》，《中原文物》1984年第4期。

二、形制类型

墓葬形制

1. 单室墓

河南地区的 5 座明代壁画墓中单室墓有 4 座，其中登封卢店明代壁画墓、杞县高高山 2 座壁画墓，荥阳二十里铺明代原武温穆王壁画墓均为砖券单室墓。登封卢店明代壁画墓（图 4-1），墓葬为单室砖券墓，由墓道、墓门、墓室三部分组成①。荥阳二十里铺明代原武温穆王壁画墓，墓室距地面约 7 米，坐北朝南，单室，平面为长方形，小砖券砌，石灰勾缝，非常坚固②。

获嘉县明代壁画墓较为特殊，该墓葬并非用墓砖砌筑，而是用白灰加沙土整体夯筑而成，当地百姓称为"干打垒"墓。其做法是，先在墓地上按墓壁走向挖出深沟，在沟中用白灰加沙土（俗称三七灰土）层层夯筑，直至墓顶。墓室夯筑好后，再挖去墓室内的土，并将墓室底部抹平。这一墓葬修筑方法仅见于获嘉县和新乡县两地。该壁画墓平面呈长方形，顶为弧形，厚约 30～40 厘米，非常坚硬③。

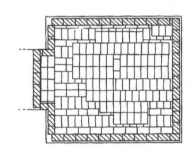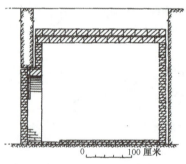

图 4-1　平、剖面图　登封卢店明代壁画墓　明代

（采自郑州市文物考古研究所：
《登封卢店明代壁画墓》，《中原文物》1999 年第 4 期）

---

① 郑州市文物考古研究所：《登封卢店明代壁画墓》，《中原文物》1999 年第 4 期。
② 郑州市博物馆：《荥阳二十里铺明代原武温穆王壁画墓》，《中原文物》1984 年第 4 期。
③ 李慧萍：《获嘉明代线描壁画墓》，《中原文物》2009 年第 5 期。

2. 双室墓

河南地区遗存的双室壁画墓仅 1 座，为杞县高高山二号明墓。① 该墓葬为长方竖井形双室墓，有两个平行的墓室，各不相同。两墓室背部有一龛，西室南部放墓志。

三、题材类型

河南地区遗存的明代壁画从内容上来看，可以分为以下两种题材：现实生活类、宗教类。

（一）现实生活图

河南地区遗存的明代壁画墓中的现实生活图，以夫妇对坐图和侍女图为主。

1. 夫妇对坐图

登封卢店明代壁画墓中有《墓主人夫妇对坐图》（图 4-2），该图位于墓室北壁，画面中绘一堂屋，门柱两旁悬挂黄色云锦，红带束起，堂屋北壁亦绘赤褐色重回纹方框。壁面右侧绘一少妇，头梳圆髻，戴白色额帕，上插白角梳，耳饰红宝石耳坠，身穿淡褐色左衽宽袖袄，下着月白色长裙，坐具掩于裙下。妇人瓜子脸，眉清目秀。鼻梁挺直，小嘴紧闭，神情端庄而不失典雅。左侧亦绘一坐姿妇人，面部部分残缺，但仍可看出装束同右侧妇人大致相同。头梳圆髻，包额帕，插白角梳，着左衽宽袖黄袄，下着黄裙，双手掩于袖内。此二妇人从衣着、发式

图 4-2 墓主人夫妇对坐图（摹本）登封卢店
明代壁画墓 明代
（采自郑州市文物考古研究所：
《登封卢店明代壁画墓》，《中原文物》1999 年第 4 期）

---

① 赵士纲：《杞县高高山明墓》，《文物》1957 年第 8 期。

以及位置看，可能为墓主的小妾。墓壁中部绘制的应是墓主人夫妇。但由于墓室北壁坍塌，故墓主人夫妇的情况不明，仅发现彩绘墓主人夫妇头部残块。

2. 侍女图

卢店明代壁画墓的墓室四壁及墓门东西两壁均绘有壁画。壁画布局完全采用中国传统四合院的形式，北壁绘堂屋，东西壁绘厢房，南壁则在墓门两侧绘两个带有侍卫性质的侍女。墓室南壁门两侧绘的《侍女图》（图4-3、图4-4），侍女头部周围及墓门券顶均绘祥云①。

济源市东街明代壁画墓，墓室西壁画呈半圆形，南北长4.04米，高2米，绘有中年男子及八位仕女图②。

图4-3 侍女图一 登封卢店明代壁画墓 明代

（采自郑州市文物考古研究所：《登封卢店明代壁画墓》，《中原文物》1999年第4期）

图4-4 侍女图二 登封卢店明代壁画墓 明代

（采自郑州市文物考古研究所：《登封卢店明代壁画墓》，《中原文物》1999年第4期）

---

① 郑州市文物考古研究所：《登封卢店明代壁画墓》，《中原文物》1999年第4期。
② 济源市文物工作队、河南古代壁画馆：《济源市东街明代壁画墓》，《中原文物》2013年第1期。

（二）宗教题材

1. 升仙图

获嘉明代线描壁画墓的壁画绘于墓室四壁及顶部，内容为仙鹤、云纹、侍女、男僮、牌位、幔帐，均采用线描手法墨绘而成。墓的顶部绘有《仙鹤图》（图4-5），东西、南北两两相对，展翅飞翔在布满云朵的夜空中（用淡墨渲染，象征夜空），颇具情趣，象征着墓主人仙逝升天的快乐心情①。

图4-5　仙鹤图　获嘉明代线描壁画墓　明代
（采自李慧萍：《获嘉明代线描壁画墓》，《中原文物》2009年第5期）

2. 佛教图

荥阳二十里铺明代原武温穆王壁画墓的墓后壁正中壁龛之上《佛教图一》（图4-6）一身穿通肩袈裟的释迦牟尼佛像结手立于莲花座上，面相端庄而慈祥，头后椭圆顶光，背后也为椭圆背光，顶光、背光外饰火焰纹。东壁《佛教图二》（图4-7）主要内容是释迦佛结跏趺坐在莲花台上，身着通肩袈裟，右手持钵，左手曲中指上伸，头后近圆形顶光，背后为横椭圆背光②。

---

① 李慧萍：《获嘉明代线描壁画墓》，《中原文物》2009年第5期。
② 郑州市博物馆：《荥阳二十里铺明代原武温穆王壁画墓》，《中原文物》1984年第4期。

图 4-6　佛教图一　荥阳二十里铺明代
原武温穆王壁画墓　明代
（采自郑州市博物馆：《荥阳二十里铺
明代原武温穆王壁画墓》，《中原文物》1984年第4期）

图 4-7　佛教图二　荥阳二十里铺明代
原武温穆王壁画墓　明代
（采自郑州市博物馆：《荥阳二十里铺
明代原武温穆王壁画墓》，《中原文物》1984年第4期）

第二节　丝绸之路对衰退期墓室壁画的影响

　　进入明清时期，魏晋南北朝以来的大量中亚地区个体商人进入中原地区进行货物贸易的情况已经不再有，丝绸之路贸易转向衰落。但以明清政府为主导的边境贸易和以"进贡""赏赐"为特色的朝贡贸易依然保持了较为繁荣的状态，并由边境延及包括河南地区在内的丝绸之路沿途各地区。

第四章　衰退时期的墓室壁画

14世纪上半叶，地跨葱岭东西的察合台汗国分裂，1370年，西察合台汗国帖木儿战胜各地的军事割据势力，以撒马尔罕为都城，成为撒马尔罕国。

1387年，撒马尔罕国派使者到南京，向明王朝进贡驼马等物，以后每年都通使贡献。每年进贡良种马匹上千，以及各种宝石和毛织品，明朝均用宝钞偿付。随着明朝政权的稳固及在中亚地区影响力的增加，到15世纪初，中亚各国及部落如撒马尔罕、俺都淮、失剌思、俺的干、土鲁番、火州、柳城、哈实哈儿等国家或部落均派出使者，向明朝进贡狮子、西马、文豹等珍禽异兽。明朝政府则派出使团携带白金、彩缎、纱罗、文锦、布帛、瓷器等分赠他们。这种朝贡具有明显的官方贸易的性质。

通过这种方式，撒马尔罕、麦加等地的商队定期进入中国，甚至赴北京觐见皇帝。其中麦加等地的商队一直到万历年间都还保持着向明朝政府朝贡的制度，他们带来金珀、宝石、珍珠、狮子、骆驼、长颈鹿、豹、天马等物，从中国带回的则是金银、缎匹、色绢、青白花瓷器、铁鼎、铫等。

明朝政府除了通过朝贡贸易获得中亚乃至北非地区的方物之外，最重视的还是与西域地区的茶马交易，即明朝政府以茶叶换购西域地区的马匹。除此之外，明朝的药材、绸缎、布匹、瓷器、银器都是西域各国所需要的，其"服食器用，悉仰给于中国""缎匹、铁、茶"等物，都是"彼之难得，日用之不可缺者"。"若彩缎不去，则彼无华衣；铁锅不去，则彼无美食；大黄不去，则人畜受暑热之灾；麝香不去，则床榻盘虺蛇之害"①。

清代前期的中央政府及其最高统治者，在包括今新疆、青海、西藏、内蒙古及蒙古在内的广袤的西北疆域的治理经营方面，付出了巨大的努力并取得了成功，为丝绸之路上的贸易创造了有利条件。

这一时期，传统的丝绸之路贸易虽然已经开始衰落，但并未完全终结。在清朝早中

---

① 陈九畴奏：《关中奏议》卷12。

期，丝绸之路的贸易还一度呈现出兴盛的局面，例如清王朝在平定准噶尔叛乱之后，在丝绸之路沿途以伊犁、塔城、乌鲁木齐为中心与中亚地区的哈萨克各部进行绢马贸易，并在丝绸之路南线与浩罕、布哈拉商人进行贸易交流。在此过程中，内地生产的丝绸仍然处于物品交换的中心地位，从而反映出与传统丝绸之路贸易的内在联系。

尽管边境贸易和朝贡贸易仍然在持续，但曾经辉煌一时的丝绸之路毕竟开始逐渐衰落。究其原因大致有以下几方面：

其一是经济重心的南移，导致原本就效率不高的陆上丝绸之路开始逐渐被高效的海上贸易所取代。中原地区是中国传统的政治经济和文化中心，人口数量也占绝对优势。但是经过汉末魏晋南北朝的数百年战乱之后，北方人口大量南迁，长江以南地区逐渐得到开发，我国经济重心南移的趋势逐步形成；到五代，两宋经济重心南移完成。随之而来的，是南方地区从唐朝以来次第发展起来的扬州、泉州、广州等大的对外贸易港口形成，当地物产可以方便高效地输往海外，避免通过陆上丝绸之路的低效长途运输。这是导致丝路贸易由盛转衰的根本原因。

其二是陆上丝绸之路沿途地理环境恶劣。这就决定了丝绸之路上的商品必然是轻便易携的贵重物品，故而丝绸、金银器、宝石之类一直是这条商道上最重要的输出商品。但是到14、15世纪后，欧洲各国已经学会养蚕缫丝并生产丝织品，对中国丝绸的依赖大大降低，导致丝路沿途各国商人远涉沙漠长途贩运丝绸的积极性下降，这对维持丝绸之路的繁荣产生了不利影响。

其三是欧洲国家的航海大发现，16世纪新航路的开辟，引起了世界范围"商业上的革命"，海上贸易的迅猛发展，使欧洲贸易中心由地中海区域转移到大西洋沿岸，引起了东西方贸易之路的变化。① 原来贯穿欧亚大陆的陆上丝绸之路，则由于西段贸易中心的转移而开始萎缩。与此同时，海上运输的巨大运力亦远非陆上靠畜力进行运输可

---

① 蒋致洁：《试论丝绸之路贸易的衰落》，《兰州学刊》1989年第2期。

 第四章 衰退时期的墓室壁画

比，尤其是 18 世纪以后，随着蒸汽机技术运用到航海上，海上运输的效率大大提高，优势更加明显。

其四是 19 世纪西方列强向东扩张，极大地限制和打击了国内的手工业生产发展进程。尤其是鸦片战争之后，中国迅速沦为半殖民地半封建社会。列强开始掠夺和瓜分中国，中国和西方诸国之间的平等贸易已不复存在，陆上丝绸之路也就失去了最后一根支柱。作为一度是中西方物质和文化沟通桥梁和渠道的丝绸之路的终结成为历史的必然。

在这样的历史背景之下，作为丝绸之路东端重要地区的河南，其对外交流无论是力度还是广度上都无法与前代相比。加之到了明清时期，丧葬文化发生了巨大改变。作为丧葬文化重要内容的墓葬壁画已经不再流行，仅有的少数墓葬壁画内容深受两宋以来的理学传统影响，内容趋向单一和单调，最终和丝绸之路一样，寂然湮没在历史的长河里。